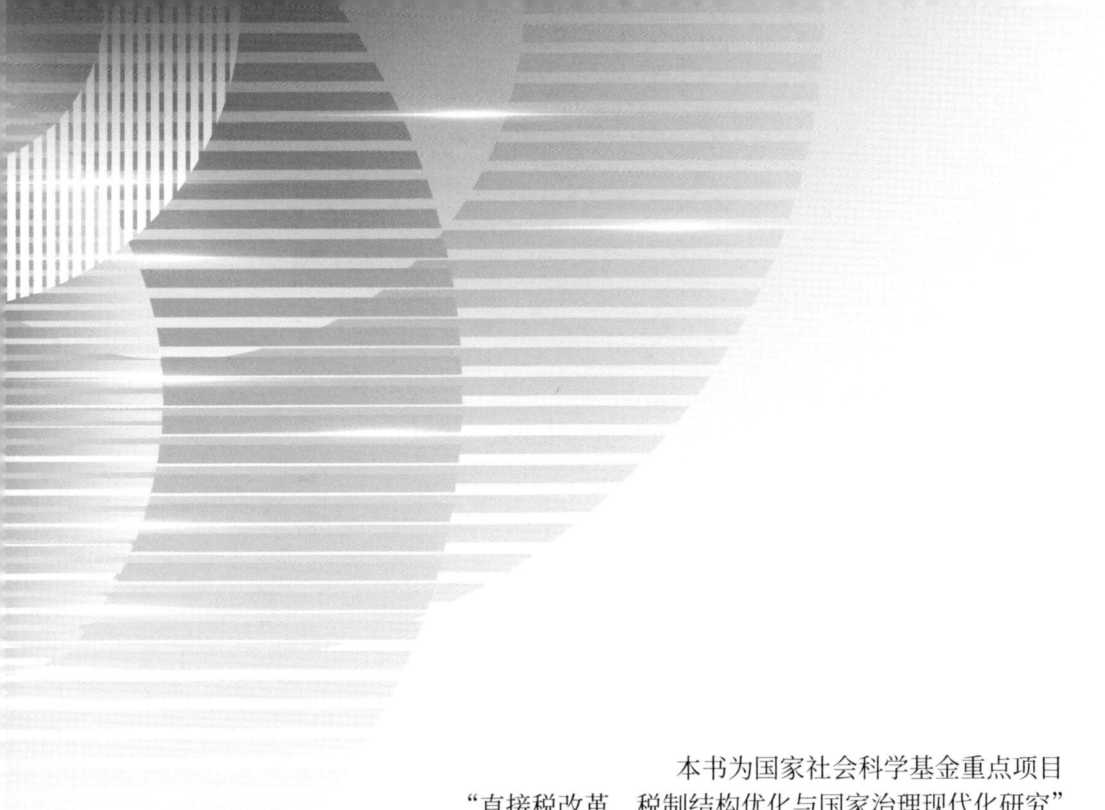

本书为国家社会科学基金重点项目
“直接税改革、税制结构优化与国家治理现代化研究”
（课题编号：20AJY022）之阶段性研究成果

国家治理现代化背景下
地方税体系建设及征管问题研究

李克桥 倪秀英 杜树行◎著

中国财经出版传媒集团
经济科学出版社
Economic Science Press

图书在版编目（CIP）数据

国家治理现代化背景下地方税体系建设及征管问题研究/李克桥，倪秀英，杜树行著．—北京：经济科学出版社，2021.3

ISBN 978－7－5218－2413－1

Ⅰ.①国…　Ⅱ.①李…　②倪…　③杜…　Ⅲ.①地方－税收体系－研究－中国　Ⅳ.①F812.7

中国版本图书馆CIP数据核字（2021）第038705号

责任编辑：张　燕
责任校对：郑淑艳
责任印制：邱　天

国家治理现代化背景下地方税体系建设及征管问题研究
李克桥　倪秀英　杜树行　著
经济科学出版社出版、发行　新华书店经销
社址：北京市海淀区阜成路甲28号　邮编：100142
总编部电话：010－88191217　发行部电话：010－88191522
网址：www.esp.com.cn
电子邮箱：esp@esp.com.cn
天猫网店：经济科学出版社旗舰店
网址：http://jjkxcbs.tmall.com
固安华明印业有限公司印装
710×1000　16开　14.5印张　220000字
2021年7月第1版　2021年7月第1次印刷
ISBN 978－7－5218－2413－1　定价：78.00元
（图书出现印装问题，本社负责调换。电话：010－88191510）

前　言

我国地方税体系建设和地方税收征管能力现代化建设，作为国家治理体系和治理能力现代化的重要组成部分，对于推进我国财税体制建设、建立现代财税制度有着重要意义。正如党的十八届三中全会所指出的：科学的财税体制是优化资源配置、维护市场统一、促进社会公平、实现国家长治久安的制度保障。

基于地方税收治理体系和治理能力的重要作用，从党的十九大报告到《中共中央 国务院关于新时代加快完善社会主义市场经济体制的意见》再到《中共中央关于制定国民经济和社会发展第十四个五年规划和二〇三五年远景目标的建议》，对于健全地方税体系和深化税收制度改革的目标越来越明确，路径越来越清晰。

在此背景下，本书通过搜集国内外专业著作、专业期刊、研究报告、经济年鉴或统计年鉴、网络文献、专业学位论文等文献资料，以国家治理体系和治理能力现代化为背景，从财政治理现代化的基点出发，将国家治理现代化理念与地方税体系和征管能力建设紧密结合，围绕现代地方税体系的构建、优化科学严密的地方税征管体制等问题展开探讨，通过了解体制的构建与发展，找出制约体系优化和体制健全的影响因素，提出相应的研究对策，为我国深化地方税改革、完善地方税体系提供理论参考和实践支持。

本书由河北大学李克桥教授、邢台学院倪秀英教授和沧州交通学院

绪　论

一、研究背景与目的

（一）研究背景

我国的地方税体系建设和地方税收征管能力现代化建设，作为国家治理体系和治理能力现代化的重要组成部分，离不开国家治理体系和治理能力现代化的总体框架。因此，要研究好地方税问题，就必须明了党和国家关于"国家治理体系和治理能力现代化"的一系列重要表述。

1. 国家治理体系和治理能力现代化的提出

党的十八届三中全会公报指出：全面深化改革的总目标是，完善和发展中国特色社会主义制度，推进国家治理体系和治理能力现代化。这标志着我国进入国家治理现代化的新征程，各项治理目标都要紧紧围绕这一总目标进行。

党的十九大报告再次明确提出，全面深化改革总目标是完善和发展中国特色社会主义制度、推进国家治理体系和治理能力现代化。报告对重点领域和关键环节作出部署，传递出诸多改革着力点。①

① 十九大报告透露的八大改革着力点［EB/OL］. 中华人民共和国中央人民政府网，http：//www. gov. cn/zhuanti/2017 - 10/22/content_5233706. htm.

2019年10月31日，中国共产党第十九届中央委员会第四次全体会议通过的《中共中央关于坚持和完善中国特色社会主义制度　推进国家治理体系和治理能力现代化若干重大问题的决定》指出，为“适应我国社会主要矛盾变化，统揽伟大斗争、伟大工程、伟大事业、伟大梦想，不断满足人民对美好生活新期待，战胜前进道路上的各种风险挑战，必须在坚持和完善中国特色社会主义制度、推进国家治理体系和治理能力现代化上下更大功夫”。[①]

2019年11月3日，新华社受权播发了党的十九届五中全会审议通过的《中共中央关于制定国民经济和社会发展第十四个五年规划和二〇三五年远景目标的建议》，其中指出，到二〇三五年基本实现社会主义现代化远景目标之一就是“基本实现国家治理体系和治理能力现代化，人民平等参与、平等发展权利得到充分保障，基本建成法治国家、法治政府、法治社会”。[②]

党和国家关于国家治理的一系列政策，对于研究地方税体系的建设和地方税收征管能力现代化建设问题提供了理论基础和制度保障。

2. 建立现代财政制度和地方税体系的需要

党的十八届三中全会决议指出：科学的财税体制是优化资源配置、维护市场统一、促进社会公平、实现国家长治久安的制度保障。必须完善立法、明确事权、改革税制、稳定税负、透明预算、提高效率，建立现代财政制度，发挥中央和地方两个积极性。要改进预算管理制度，完善税收制度，建立事权和支出责任相适应的制度。[③]

2017年10月22日，在财税改革领域，党的十九大报告从全局和战略的

---

① 中共中央关于坚持和完善中国特色社会主义制度　推进国家治理体系和治理能力现代化若干重大问题的决定［EB/OL］. 中华人民共和国中央人民政府网，http：//www. gov. cn/zhengce/2019－11/05/content_5449023. htm.

② 中共中央关于制定国民经济和社会发展第十四个五年规划和二〇三五年远景目标的建议［EB/OL］. 中华人民共和国中央人民政府网，http：//www. gov. cn/zhengce/2020－11/03/content_5556991. htm.

③ 中国共产党第十八届中央委员会第三次全体会议公报［EB/OL］. 新华网，http：//www. xinhuanet. com//politics/2013－11/12/c_118113455. htm.

高度，强调要加快建立现代财政制度，明确了深化财税体制改革的目标要求和主要任务，其中对税制改革提出了“深化税收制度改革，健全地方税体系”的要求。①

2020年5月11日，《中共中央 国务院关于新时代加快完善社会主义市场经济体制的意见》进一步明确指出，要“加快建立现代财税制度”，继续“深化税收制度改革，完善直接税制度并逐步提高其比重。研究将部分品目消费税征收环节后移。建立和完善综合与分类相结合的个人所得税制度。稳妥推进房地产税立法。健全地方税体系，调整完善地方税税制，培育壮大地方税税源，稳步扩大地方税管理权”。②

2020年11月3日，党的十九届五中全会审议通过的《中共中央关于制定国民经济和社会发展第十四个五年规划和二〇三五年远景目标的建议》（以下简称《建议》），也把建立现代财税金融体制列为重要目标之一。《建议》指出：“完善现代税收制度，健全地方税、直接税体系，优化税制结构，适当提高直接税比重，深化税收征管制度改革。”③ 其中，明确将“健全地方税、直接税体系”并列而论，为本书提出“构建以直接税为主体的地方税体系”提供了政策依据。

（二）研究目的

本书的理论意义和现实价值在于：通过梳理国内外研究成果，借鉴国外地方税体系构建的经验，结合我国在实现财政制度现代化进程中涉及地方税建设的主要问题进行系统研究，着力解决地方税体系建设、地方税征管体制现代化建设和地方税收征管机关征管能力现代化建设，提出相应的

① 深化税收制度改革 健全地方税体系——访中国社科院财经战略研究院院长助理、研究员张斌［EB/OL］. 中华人民共和国中央人民政府网，http：//www. gov. cn/xinwen/2017 - 12/18/content_5248010. htm.

② 中共中央 国务院关于新时代加快完善社会主义市场经济体制的意见［EB/OL］. 中华人民共和国中央人民政府网，http：//www. gov. cn/zhengce/2020 - 05/18/content_5512696. htm.

③ 中共中央关于制定国民经济和社会发展第十四个五年规划和二〇三五年远景目标的建议［EB/OL］. 中华人民共和国中央人民政府网，http：//www. gov. cn/zhengce/2020 - 11/03/content_5556991. htm.

研究对策，为我国深化地方税改革、完善地方税体系提供理论参考和实践支持。

二、研究方法

（一）文献研究法

文献研究法，是指研究者根据研究的目的和要求，通过收集有关图书、报刊、档案、公文、报告、信函等信息资料，并加以分析解释，用以发现事实检验假说的一种研究方法。①

文献研究法作为应用经济学常用的研究方法之一，对于本书的编写起到了重要的支撑作用。本书通过搜集国内外专业著作、专业期刊、研究报告、经济年鉴或统计年鉴、网络文献、专业学位论文等文献资料，以国家治理体系和治理能力现代化为背景，从财政治理现代化的基点出发，将国家治理现代化理念与地方税体系和征管能力建设紧密结合，围绕现代地方税体系的构建、优化科学严密的地方征管体制等问题展开探讨，通过了解体制的构建与发展，找出制约体系优化和体制健全的影响因素，以利于相关问题的解决。

同时，通过文献研究法，对于纳税服务体系、地方税收信息现代化建设、地方税收征收机关执法能力现代化建设，以及地方税收治理风险防范机制等问题进行梳理，找出存在问题的基本原因，阐述相关对策。

（二）比较分析法

比较分析法是根据一定的标准，将同一事物或研究标的，在不同国家或地区、不同时间等维度进行比较，找出其共同点和差异，逐一甄别，供研究

① 湖南省教育厅编组. 高等教育学（高等学校教师岗前培训教材）［M］. 长沙：湖南大学出版社，2005（1）：31.

标本进行借鉴，取其精华，去其糟粕。本书通过梳理不同研究者对同一问题的看法，作为本书研究的参考；通过对不同国家的地方税体系及其管理措施进行梳理，借鉴其体系的构建理念和管理经验；通过对浙江省、河北省等“互联网+税务”征管模式的介绍，归纳并提出本书研究构建税收征管信息现代化的基本对策。

（三）实证研究法

实证研究法是人们认识基本客观事物的现象，向受众对象提供实用、精准的基本知识的一种研究方法，它的研究重点主要在于研究现象本身是什么的问题。实证研究法，一般情况下，要超越价值判断，揭示出事物的客观现象之间内在的、本质的普遍联系，归纳概括出事物现象具有的共性的本质及其发展规律。本书通过相关数据，了解地方税收占国家税收的比重、地方税收占财政支出的比重，分析论证地方税在政府治理中的财力保障能力。通过数据论证，找出制约目前地方财力不足的根源，为构建财力支出与职责相匹配的财税体制提供参考。

三、研究的主要内容与框架

本书研究内容具体包括以下方面。

绪论。介绍了本书的研究背景与目的、主要方法，以及研究的主要内容与框架。

第一章相关概念及其理论基础。主要介绍了国家治理体系和治理能力现代化的基本概念和内容、地方税体系的概念与构成、地方税收征收管理体制、我国地方税收体系现状，以及地方税务机关执法能力和纳税服务体系等税收征收管理相关的概念。

第二章文献综述。分别从国内外两个方面阐述了地方税体系建设、税收征管体制、税收信息现代化、地方税务机关执法能力、税收征管治理风险和纳税服务等方面的研究历史与现状。

第三章国际经验借鉴。分别介绍了美国、法国和日本的税权划分、地方税体系中的税种设置、地方税的税收收入，以及地方税体系的管理措施等问题。

第四章以直接税为主体的地方税体系建设。在介绍了我国地方直接税税制建设情况的基础上，阐述了我国地方直接税税收收入对地方基本财力的保障程度和地方直接税税收收入在地方财政支出中的作用，指出了现行地方直接税体系存在的问题，从立法层面和要素层面提出了构建以直接税为主体的地方税体系的基本对策。

第五章科学严密的税收征管体制的构建。首先，介绍了税收征管体制的发展历史与现状；其次，阐述了推进地方税收征管现代化的必要性；再次，分析了现行地方税收征管体制存在的主要问题；最后，提出了建立科学高效的地方税收征管体制的基本对策。

第六章以"互联网+"为依托的地方税收信息现代化建设。介绍了我国税收信息现代化建设的发展与现状，总结了广东、河北等省份的"互联网+"地方税收信息现代化经验及其借鉴，指出了当前地方税收信息现代化存在的问题，提出了完善"互联网+"税收信息现代化的基本对策。

第七章地方税务机关执法能力现代化建设。介绍了地方税务机关执法能力的现状，指出了地方税务机关执法能力存在的问题，剖析了地方税务机关执法现存问题的原因，在强化服务理念、税收征管的监督与责任、提升税务机关组织现代化建设等方面提出了落实地方税务机关执法能力现代化建设的基本对策。

第八章地方税收治理成效及风险防范。介绍了地方税收征管治理现状的概况，分析了税收征管中面临的风险，剖析了税收征管中面临风险的原因，提出了地方税收征管风险防范机制的构建。

第九章搭建便捷高效的纳税服务体系。介绍了我国纳税服务体系现状，指出了当前地方纳税服务体系存在的问题，提出了构建便捷高效的纳税服务体系的对策。

基于上述研究内容和研究路径，搭建本书的基本框架，如图0-1所示。

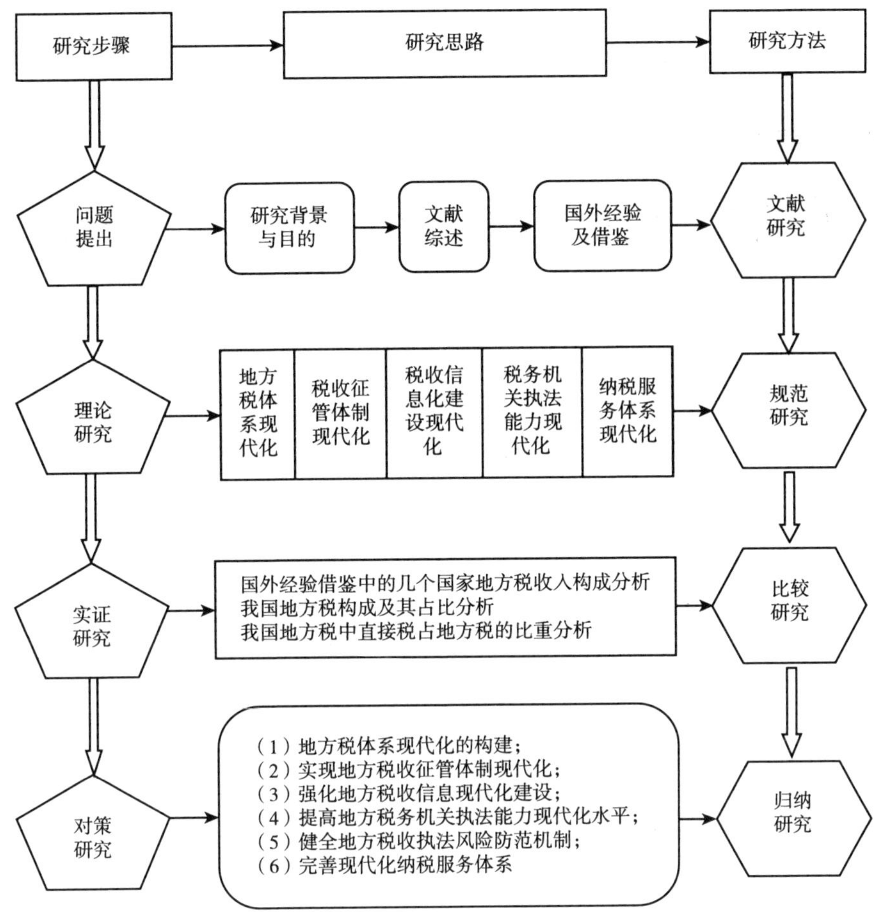

图 0-1　地方税体系建设及征管问题研究框架

第一章
相关概念及其理论基础

第一节　国家治理体系和治理能力现代化概述

一、国家治理体系和治理能力现代化的概念

党的十八届三中全会首次提出了“国家治理”的概念。党的十八届三中全会公报指出，全面深化改革的总目标是：完善和发展中国特色社会主义制度，推进国家治理体系和治理能力现代化。[①] 要达到这一改革目标，就要先明了什么是国家治理体系，什么是国家治理能力。而对于这些概念，习近平总书记给出了准确而权威的解释。

（一）国家治理体系的概念

国家治理体系是在党领导下管理国家的制度体系，包括经济、政治、文

---

① 中共中央关于全面深化改革若干重大问题的决定［EB/OL］. 中国新闻网，http：//www. chinanews. com/gn/2013/11 –15/5509681. shtml.

化、社会、生态文明和党的建设等各领域体制机制、法律法规安排，也就是一整套紧密相连、相互协调的国家制度。①

（二）国家治理能力的概念

国家治理能力是运用国家制度管理社会各方面事务的能力，包括改革发展稳定、内政外交国防、治党治国治军等各个方面。②

二、推进国家治理体系和治理能力现代化的总体要求和基本内容③

（一）推进国家治理体系和治理能力现代化的总体要求

坚持和完善中国特色社会主义制度、推进国家治理体系和治理能力现代化的总体目标是：到中国共产党成立一百年时，在各方面制度更加成熟更加定型上取得明显成效；到2035年，各方面制度更加完善，基本实现国家治理体系和治理能力现代化；到中华人民共和国成立一百年时，全面实现国家治理体系和治理能力现代化，使中国特色社会主义制度更加巩固、优越性充分展现。

（二）推进国家治理体系和治理能力现代化的基本内容

根据《中共中央关于坚持和完善中国特色社会主义制度 推进国家治理体系和治理能力现代化若干重大问题的决定》，除了第一部分和最后一部分，全文列举了十三个方面，系统介绍了推进国家治理体系和治理能力现代化的具体内容和措施，本书依据相关规定，简单归纳如下。

1. 坚持和完善党的领导制度体系，提高党科学执政、民主执政、依法执政水平

主要包括以下内容：（1）建立不忘初心、牢记使命的制度；（2）完善坚

①② 习近平．习近平谈治国理政（第一卷）［M］．北京：外文出版社，2014：91.

③ 中共中央关于坚持和完善中国特色社会主义制度 推进国家治理体系和治理能力现代化若干重大问题的决定［EB/OL］．中华人民共和国中央人民政府网，http：//www. gov. cn/zhengce/2019－11/05/content_5449023. htm.

定维护党中央权威和集中统一领导的各项制度；（3）健全党的全面领导制度；（4）健全为人民执政、靠人民执政各项制度；（5）健全提高党的执政能力和领导水平制度；（6）完善全面从严治党制度。

2. 坚持和完善人民当家作主制度体系，发展社会主义民主政治

主要包括以下内容：（1）坚持和完善人民代表大会制度这一根本政治制度；（2）坚持和完善中国共产党领导的多党合作和政治协商制度；（3）巩固和发展最广泛的爱国统一战线；（4）坚持和完善民族区域自治制度；（5）健全充满活力的基层群众自治制度。

3. 坚持和完善中国特色社会主义法治体系，提高党依法治国、依法执政能力

主要包括以下内容：（1）健全保证宪法全面实施的体制机制；（2）完善立法体制机制；（3）健全社会公平正义法治保障制度；（4）加强对法律实施的监督。

4. 坚持和完善中国特色社会主义行政体制，构建职责明确、依法行政的政府治理体系

主要包括以下内容：（1）完善国家行政体制；（2）优化政府职责体系；（3）优化政府组织结构；（4）健全充分发挥中央和地方两个积极性体制机制。

5. 坚持和完善社会主义基本经济制度，推动经济高质量发展

主要包括以下内容：（1）毫不动摇巩固和发展公有制经济，毫不动摇鼓励、支持、引导非公有制经济发展；（2）坚持按劳分配为主体、多种分配方式并存；（3）加快完善社会主义市场经济体制；（4）完善科技创新体制机制；（5）建设更高水平开放型经济新体制。

6. 坚持和完善繁荣发展社会主义先进文化的制度，巩固全体人民团结奋斗的共同思想基础

主要包括以下内容：（1）坚持马克思主义在意识形态领域指导地位的根本制度；（2）坚持以社会主义核心价值观引领文化建设制度；（3）健全人民文化权益保障制度；（4）完善坚持正确导向的舆论引导工作机制；（5）建立

健全把社会效益放在首位、社会效益和经济效益相统一的文化创作生产体制机制。

7. 坚持和完善统筹城乡的民生保障制度，满足人民日益增长的美好生活需要

主要包括以下内容：(1) 健全有利于更充分更高质量就业的促进机制；(2) 构建服务全民终身学习的教育体系；(3) 完善覆盖全民的社会保障体系；(4) 强化提高人民健康水平的制度保障。

8. 坚持和完善共建共治共享的社会治理制度，保持社会稳定、维护国家安全

主要包括以下内容：(1) 完善正确处理新形势下人民内部矛盾有效机制；(2) 完善社会治安防控体系；(3) 健全公共安全体制机制；(4) 构建基层社会治理新格局；(5) 完善国家安全体系。

9. 坚持和完善生态文明制度体系，促进人与自然和谐共生

主要包括以下内容：(1) 实行最严格的生态环境保护制度；(2) 全面建立资源高效利用制度；(3) 健全生态保护和修复制度；(4) 严明生态环境保护责任制度。

10. 坚持和完善党对人民军队的绝对领导制度，确保人民军队忠实履行新时代使命任务

主要包括以下内容：(1) 坚持人民军队最高领导权和指挥权属于党中央；(2) 健全人民军队党的建设制度体系；(3) 把党对人民军队的绝对领导贯彻到军队建设各领域全过程。

11. 坚持和完善"一国两制"制度体系，推进祖国和平统一

主要包括以下内容：(1) 全面准确贯彻"一国两制"、"港人治港"、"澳人治澳"、高度自治的方针；(2) 健全中央依照宪法和基本法对特别行政区行使全面管治权的制度；(3) 坚定推进祖国和平统一进程。

12. 坚持和完善独立自主的和平外交政策，推动构建人类命运共同体

主要包括以下内容：(1) 健全党对外事工作领导体制机制；(2) 完善全方位外交布局；(3) 推进合作共赢的开放体系建设；(4) 积极参与全球治理

体系改革和建设。

13. 坚持和完善党和国家监督体系，强化对权力运行的制约和监督

主要包括以下内容：（1）健全党和国家监督制度；（2）完善权力配置和运行制约机制；（3）构建一体推进不敢腐、不能腐、不想腐体制机制。

第二节　地方税体系的概念及其内容

我国的地方税体系和地方税收管理体制是基于分税制的财政管理体制建立起来的，因此，要理解地方税体系和地方税收管理体制，就必须首先介绍分税制的管理体制。

一、分税制概述

（一）分税制的概念

分税制既是财政管理体制的一种形式，也是税收管理体制的一种形式，它是指在中央与地方政府以及地方各级政府之间，根据各自的职责、权限来划分税种以及税源，并确定其归属和管理使用权限的一种制度。

在财政管理体制的发展史中，最早实行分税制的，应该是10世纪中叶的一些欧洲国家。在亚洲地区，实行分税制最早的国家是日本，日本早在明治维新时期就实行过“分税制的财政管理体制”。在我国清朝末期实施“戊戌变法”的时候，也曾经提出过分税制的构想，产生过分税制的萌芽。

财政作为国家治理的重要基础和支柱，应构建符合现代市场经济的财政管理体制。因此，如何正确划分中央与地方的管理职责权限、调动中央和地方两个积极性、适应市场经济千变万化的状况，是分税制的重要目的，所以，许多国家都把分税制作为分级管理财政的重要形式。

（二）分税制的分类

综观世界各国，在实行分税制的体制中，根据税收收入在中央政府和地方政府之间划分方式不同，可将分税制划分为分享税种式分税制和分享税源式分税制。

1. 分享税种式分税制

分享税种式分税制，就是在全国所有开征的税种都要由中央统一制定，对于既定的税种以及收入，在中央和地方政府之间不重复征收的前提下，确定中央和地方各自管理使用权限和收入的归属。它具体又分为以下两种类型。

一是只设置中央或地方的固定税种，两者之间的税种不相互重复交叉，不设置共享税，中央税和地方税在划分之后各自独立。中央税的管理权限和税收收入直接归中央金库，地方税的管理权限和税收收入直接归地方金库。①

二是中央固定税和地方固定税的税种划分之后，再设置一部分共享税税种，在全国既定的中央固定税和地方固定税税种的前提下，将中央地方共享税的管理权限和税收收入划分为两级共享或三级共享，两级共享是指中央和地方共享，三级共享是指中央、省级和县级三级政府共享。税种的管理权限可以根据不同时期进行确定。

2. 分享税源式分税制

分享税源式分税制，是指中央政府和地方政府可以对同一个税源课征名称相同或性质相近的税种，并且各自均有相对固定的税收征收管理权限。换句话说，对于每一个税种的课征，无论是它属于中央收入还是地方收入，都可以从这项税源当中进行征收，从税种设置上来看，有的税种可以既是中央固定税，也是地方固定税，有的税种中央可以不设置但地方可以设置。

分享税源式分税制，又可以细分为以下三种类型：一是分征式，是指针对同一个税源设置同一个性质相同或相近的税种，该税种在中央政府和地方

① 陈娴，孙文基，林鹏生．我国税权划分的现状、问题与对策［J］．财政研究，2011（10）：58－61.

政府之间分别开征，二者的征收机关征收后将收入直接缴入本级金库；二是附加式，是指在全国只开征同一个名称的税种，不区分是中央税还是地方税，所有的正税收入都归属于中央政府，所有的正税之外的附加税归属于地方政府；三是上解式，是指中央和地方按照比例进行税收分成，所有的税种属性和税收收入均由地方政府负责组织，然后按收入额分别缴入中央金库和地方金库，其中，属于中央金库的部分，由地方征收后按照确定的比例上解中央。

二、地方税体系

（一）地方税的概念

地方税是指按照分税制财政管理体制的要求，征收管理和使用权限归属于地方政府的税收。它与“中央税”相对称，按照相关征管体制，该部分税收收入入库划分和报解后，形成地方政府的预算收入。

（二）地方税体系的含义

在财税理论界，按照税收征收管理使用权限，往往将税收划分为中央税、地方税和中央地方共享税，因此，就地方税体系而言，有广义与狭义之分。广义的地方税体系，应该包括形成地方政府预算收入的全部税收收入，这些税收收入不仅包括现有体制下地方固定税种形成的收入，也包括在本地区组织的税收收入按照中央与地方分享比例分成的部分，以及其他地区形成的税收收入按照转移支付制度由中央政府转移给本地区的部分。狭义的地方税体系，仅仅包括现行财税体制下，由本地区负责组织征收管理，且税收收入使用权限也归属于本地区的相关税种。

（三）地方税划分

按照我国分税制财政管理体制的规定，现行属于地方税的税种包括耕地占用税、烟叶税、契税、土地增值税、城市维护建设税、房产税、车船税、城镇土地使用税、环境保护税共 9 个税种；属于中央地方共享税的税种包括增值税、资源税、印花税、企业所得税和个人所得税 5 个税种。地方税收入直接归地方，中央地方共享税收入通过不同方式在中央和地方之间分成，其中，企业所得税和个人所得税自 2003 年开始地方能够分得四成；增值税自 2016 年“营改增”后五五分成；城市维护建设税中除铁路部门、各银行总行、各保险公司总公司等集中缴纳的为中央固定收入以外，其余均为地方收入；资源税中海洋石油资源税归中央，其余归地方；印花税中证券交易印花税收入归中央，其余归地方。

三、直接税概述

（一）直接税的含义

在税收分类中，按税负能否转嫁划分，可以分为直接税和间接税。直接税一般是指税负不能或不容易转嫁的税，即谁缴税谁负担，纳税人即为负税人，如所得税、财产税等。相反，税负能够或比较容易转嫁的税称为间接税，一般认为，在生产流通环节征收的税，如增值税、消费税等都属于间接税，虽然纳税人是销售方或提供劳务的企业，但其能够通过提高价格的方式将税负转嫁到消费者身上，即纳税人和负税人出现了不一致。从税收制度的发展来看，最早的税收制度将以人头税、土地税等为主的直接税作为主体税；随着商品经济的发展，对商品课征的间接税占据了主导地位；现代社会，随着经济的不断发展，人们的收入越来越多，西方发达国家大多以直接税，特别是其中的所得税为主要税种。

我国现行开征的 18 个税种中，仅有的 2 个所得税（个人所得税和企业所得税）均属于直接税，另外还包括被称为“车、房、地、印”的四小税（车船税、房产税、城镇土地使用税、印花税）以及契税、环境保护税共 8 个税种，其余的都属于间接税。

（二）直接税的功能

相较于间接税，直接税在调节收入、促进公平分配、稳定经济方面具有非常强大的功能。

第一，调节收入，促进公平分配。直接税和间接税性质不同，其作用也不同，直接税侧重于公平，间接税侧重于效率。直接税调节收入，促进公平分配的功能主要体现在其征税对象是所得额和财产，并且税率大多选用累进税率。例如，企业所得税和个人所得税均按应纳税所得额征收，财产税一般是在财产保有或持有环节征收，由于所得税和财产税的征收与商品的买卖没有直接关系或者说受影响程度较低，税负一般不能转嫁，税负落脚点就是纳税企业和个人，这种征收方式对特定群体能实现特定调节，并且准确定位，调节功能更强；直接税中的个人所得税一般采用累进税率，收入越多，交的税就越多，反之，可少交税，甚至不交税，更有利于体现量能负担原则，从而更有利于实现税收对收入差距的调节作用，增进社会公平。

第二，调节经济，促进经济平稳运行。在市场经济条件下，由于市场运行过程中主要靠价格、产量等信号引导人们的行为，所以经济运行中会产生经常性的波动。直接税可以根据经济形势的变动，及时调节社会的供求，缓解经济的周期性波动。例如，通过对所得征税，可以减少个人税后可支配收入和企业税后利润，如果纳税人不想减少收入和利润，将会增加劳动供给和投资，反之亦然，以此来刺激消费和投资。政府还可以利用所得税中累进税率的特性，发挥其自动稳定经济的功能。如当经济过热时，具有累进特性的个人所得税会提高税率，增加纳税人的纳税额度，减少个人的收入，进而抑制过旺的需求；反之，可刺激消费恢复经济增长，进而可以平抑经济波动。

（三）地方税体系中直接税的构成

按照直接税与间接税能否转嫁的划分标准，目前我国现有地方税的税种中，房产税和车船税作为财产税毫无疑问属于直接税，污染物排放环节缴纳的环境保护税以及土地使用权保有过程中缴纳的城镇土地使用税也应该算作直接税，而房地产转让过程中缴纳的土地增值税是价内税，明显属于间接税，在耕地取得过程中缴纳的耕地占用税、由烟叶收购者缴纳的烟叶税，都可以通过一定的渠道将税负转嫁出去，因此不能算作直接税。在共享税中，企业所得税和个人所得税属于直接税已经在学界达成共识，增值税以及随同增值税一起征收的城市维护建设税属于间接税也没有争议，资源税作为价内税也属于间接税。除此之外，契税和印花税虽难以界定，但鉴于二者转嫁功能不强，在本书中也归到直接税的范畴。

依据以上分析，我们认为，我国现行税制结构中，具有直接税特质的地方税主要包括企业所得税、个人所得税、房产税、城镇土地使用税、环境保护税、车船税、契税和印花税（以下统称为地方直接税）。

第三节　地方税收征收管理体制

要弄清地方税收征收管理体制，首先应明了税收征管体制。

一、税收征管体制的概念

（一）税收征收管理

税收征收管理，简称税收征管，是指国家征税机关依据国家税收法律、行政法规的规定，按照统一的标准，通过一定的程序，对纳税人应纳税额组织入库的一种行政活动，是国家将税收政策贯彻实施到每个纳税人，有效地组织税收收入及时、足额入库的一系列活动。

（二）税收征管体制

税收征管体制是指规定相关国家机关之间税收征收管理权限划分及其征管机构设置的一系列制度，它是税收征管权划分和征管机构设置的各项制度的集合体。税收征管体制的主体应当是税务机关、海关、财政，其客体应当是税收征管权划分的各项制度。税收征管体制的核心内容是在相关国家机关之间进行税收征管权的分割与配置。税收征管权的分配包括横向分配与纵向分配两个方面。税收征管权的横向分配，是指税收征管权在同级的税收征管机关之间的分割与配置，具体表现为税务机关、海关、财政等各自负责哪些税种的税收征管，所收税款由谁负责入库等。税收征管权的纵向分配，是指不同级次的税收征管机关之间的税收征管权的分割与配置，强调相同类别的不同级次的税收征管机关在所主管的税种及相应的税收收入上的划分。

二、地方税收征管体制

地方税收征管体制，是指我国省级以下的税收管理体制，是规定省以下各级政府之间税权及其收入的制度，是我国税收管理体制的一部分，也是国家经济管理体制和财政管理体制的重要组成部分。其确定依据是税收收入划分的原理和目标，建立完善省级以下税收管理体制，就需要调整省级以下政府间的财政纵向和横向关系。各级地方政府要根据法律法规，依据其事权，合法、合理地制定省以下税收收入划分政策，使得各级政府的税收收入能够与其职能支出相符。

第四节　我国地方税收体系现状

一、我国地方税体系中相关税种构成

在我国现有的 18 个税种中，属于地方完全独享的税种包括 8 个：房产税、城镇土地使用税、车船税、契税、耕地占用税、土地增值税、烟叶税和环境保护税；具有共享性质的地方税包括以下 3 个：资源税（海洋石油企业

资源税归中央，其余归地方）、城市维护建设税（各银行总行、各保险公司总公司集中缴纳的城市维护建设税归中央，其余归地方）、印花税（证券交易印花税中央97%，地方3%；其余归地方）；中央与地方共享税包括3个：增值税（中央50%、地方50%）、企业所得税（中央60%、地方40%）、个人所得税（中央60%、地方40%）（见表1－1）。

表1－1　我国地方税体系中税种结构现状

地方税来源	地方税		中央地方三大共享税（3个）
	纯粹地方税（8个）	共享性质地方税（3个）	
税种名称	城镇土地使用税、耕地占用税、车船税、房产税、契税、土地增值税、烟叶税、环境保护税	城市维护建设税、资源税、印花税	增值税、企业所得税、个人所得税

二、我国地方税收收入结构状况

为了更好地分析“营改增”前后地方税体系结构变化，按照表1－1的统计口径，选取“营改增”前2011年与“营改增”后2018年数据做对比，2011年8个纯地方税占比为21%，2018年为25%，尽管2011年尚未开征环境保护税，2018年与之相比出现差异，但由于环境保护税只占地方税收收入总额的2%，影响力可以忽略，由此可以发现，2018年8个纯地方税增加了4个百分点。相比而言，具有共享性质的3个地方税由2011年的9%提高到了2018年的10%，仅差1个百分点，变化不是很大。最后则是三大共享税归属地方分享的部分，2011年占比为37%，2018年为65%，“营改增”后提高了28个百分点，貌似“营改增”后增值税归属地方政府的税收收入增加，然而，如果“营改增”后的占比65%与“营改增”前三大共享税加营业税占比之和（即37%的增值税＋33%的营业税＝70%）比较，地方享有的比例不但没有增加，反而降低了5个百分点，如图1－1所示。

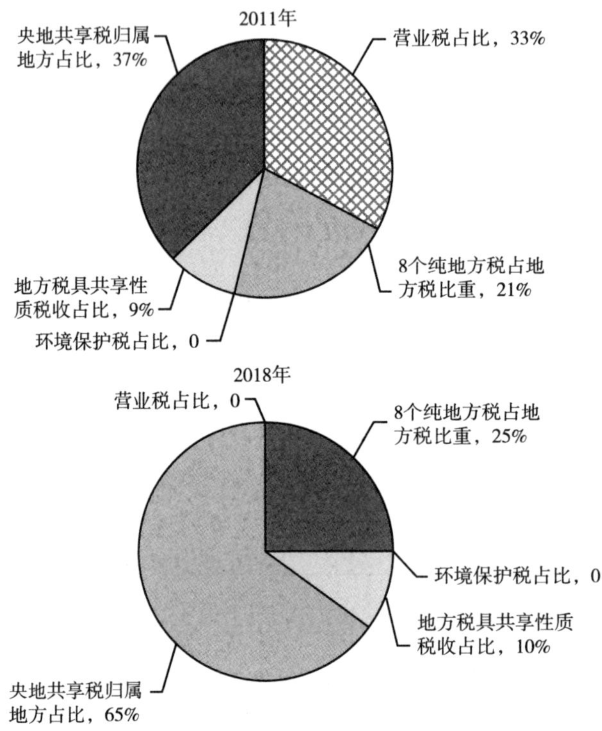

图1－1 “营改增”前后地方税收收入结构示意

资料来源：根据《中国统计年鉴2011》和《中国统计年鉴2018》分析得出。

2010～2018年税收收入结构见表1－2。

1. 地方税收收入对地方公共预算的影响

随着“营改增”及减税降费政策的推进，税收收入占一般公共预算收入的比重稳中有降，近十年来整体呈现缓步下滑趋势。随着地方税收收入占地方一般公共预算收入的减少，其收入事项在地方一般公共预算支出的功能和地位也在下降，由2010年的44%下降至2018年的40%，下降了4个百分点（见图1－2）。

2. “营改增”对地方税收收入的影响

从总体上看，2010～2018年，地方税收收入一直占全国税收收入总额的50%左右，没有太大变化。但是，随着“营改增”的实施，当地方失去营业税主体税种之后，尽管增值税、营业税合计（简称“增营两税”）分享比例

表 1 – 2 2010 ~ 2018 年税收收入结构

序号	项目	2010 年		2011 年		2012 年		2013 年	
		金额（亿元）	占地方税收比重（%）	金额（亿元）	占地方税收比重（%）	金额（亿元）	占地方税收比重（%）	金额（亿元）	占地方税收比重（%）
1	全国税收收入	73210.79	—	89738.39	—	100614.28	—	110530.70	—
2	地方税收收入	32701.49	100	41106.74	100	47319.08	100	53890.88	100
3	增值税（不含进口）	5196.27	15.89	5989.25	14.57	6737.16	14.24	8276.32	15.36
4	营业税	11004.57	33.65	13504.44	32.85	15542.91	32.85	17154.58	31.83
5	企业所得税	5048.37	15.44	6746.29	16.41	7571.60	16.00	7983.34	14.81
6	个人所得税	1934.30	5.92	2421.04	5.89	2327.63	4.92	2612.54	4.85
7	资源税	417.57	1.28	595.87	1.45	855.76	1.81	960.31	1.78
8	城市维护建设税	1736.27	5.31	2609.92	6.35	2934.76	6.20	3243.6	6.02
9	房产税	894.07	2.73	1102.39	2.68	1372.49	2.90	1581.5	2.93
10	印花税	512.52	1.57	616.94	1.50	691.25	1.46	788.81	1.46
11	城镇土地使用税	1004.01	3.07	1222.26	2.97	1541.71	3.26	1718.77	3.19
12	土地增值税	1278.29	3.91	2062.61	5.02	2719.06	5.75	3293.91	6.11
13	车船税	241.62	0.74	302	0.73	393.02	0.83	473.96	0.88
14	耕地占用税	888.64	2.72	1075.46	2.62	1620.71	3.43	1808.23	3.36
15	契税	2464.85	7.54	2765.73	6.73	2874.01	6.07	3844.02	7.13
16	烟叶税	78.36	0.24	91.38	0.22	131.78	0.28	150.26	0.28
17	环境保护税	—	—	—	—	—	—	—	—
18	其他税收收入	1.77	0.01	1.16	0	5.22	0.01	0.73	0
19	地方非税收入	7911.56	—	11440.37	—	13759.21	—	15120.28	—
20	地方一般公共预算收入	40613.04	—	52547.11	—	61078.29	—	69011.16	—

续表

序号	项目	2014年		2015年		2016年		2017年		2018年	
		金额（亿元）	占地方税收比重（%）	金额（亿元）	占地方税收比重（%）	金额（亿元）	占地方税收比重（%）	金额（亿元）	占地方税收比重（%）	金额（亿元）	占地方税收比重（%）
1	全国税收收入	119175.31	—	124922.20	—	130360.73	—	144369.87	—	156402.86	—
2	地方税收收入	59139.91	100	62661.93	100	64691.69	100	68672.72	100	75954.79	100
3	增值税（不含进口）	9752.33	16.49	10112.52	16.14	18762.61	29.00	28212.16	41.08	30777.45	40.52
4	营业税	17712.79	29.95	19162.11	30.58	10168.80	15.72	—	—	—	—
5	企业所得税	8828.64	14.93	9493.79	15.15	10135.58	15.67	11694.50	17.03	13081.60	17.22
6	个人所得税	2950.58	4.99	3446.75	5.50	4034.92	6.24	4785.64	6.97	5547.55	7.30
7	资源税	1039.38	1.76	997.07	1.59	919.40	1.42	1310.54	1.91	1584.75	2.09
8	城市维护建设税	3461.82	5.85	3707.04	5.92	3880.32	6.00	4204.12	6.12	4680.67	6.16
9	房产税	1851.64	3.13	2050.90	3.27	2220.91	3.43	2604.33	3.79	2888.56	3.80
10	印花税	893.12	1.51	965.29	1.54	958.82	1.48	1137.89	1.66	1222.48	1.61
11	城镇土地使用税	1992.62	3.37	2142.04	3.42	2255.74	3.49	2360.55	3.44	2387.6	3.14
12	土地增值税	3914.68	6.62	3832.18	6.12	4212.19	6.51	4911.28	7.15	5641.38	7.43
13	车船税	541.06	0.91	613.29	0.98	682.68	1.06	773.59	1.13	831.19	1.09
14	耕地占用税	2059.05	3.48	2097.21	3.35	2028.89	3.14	1651.89	2.41	1318.85	1.74
15	契税	4000.70	6.76	3898.55	6.22	4300	6.65	4910.42	7.15	5729.94	7.54
16	烟叶税	141.05	0.24	142.78	0.23	130.54	0.20	115.72	0.17	111.35	0.15
17	环境保护税	—	—	—	—	—	—	—	—	151.38	0.20
18	其他税收收入	0.45	0	0.41	0	0.29	0	0.09	0	0.04	0
19	地方非税收入	16736.67	—	20340.11	—	22547.66	—	22796.69	—	21948.59	—
20	地方一般公共预算收入	75876.58	—	83002.04	—	87239.35	—	91469.41	—	97903.38	—

资料来源：根据2010~2018年《中国统计年鉴》数据整理分析得出。

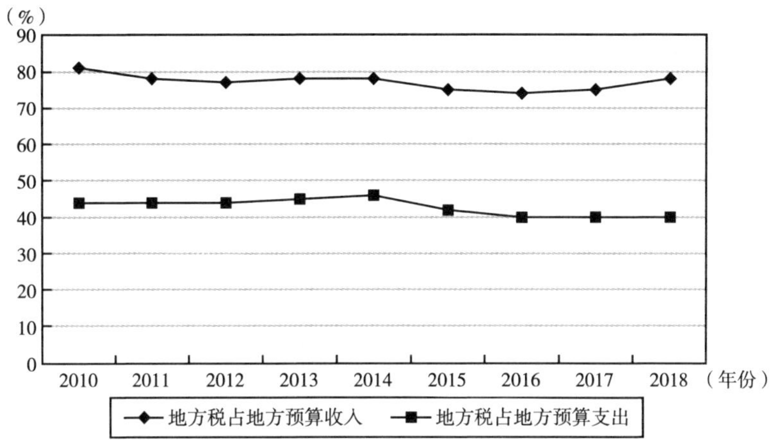

图 1－2　地方税收收入对地方公共预算的影响

资料来源：根据 2010～2018 年《中国统计年鉴》数据整理分析得出。

由原来的 75%：25% 扩大到 50%：50%，但“增营两税”与地方税收收入占比仍然有显著的下降，由原来的 47% 降至 41%，下降了 6 个百分点（见图 1－3），说明“营改增”对地方税收收入的增长贡献能力不是在提高，而是在下降。

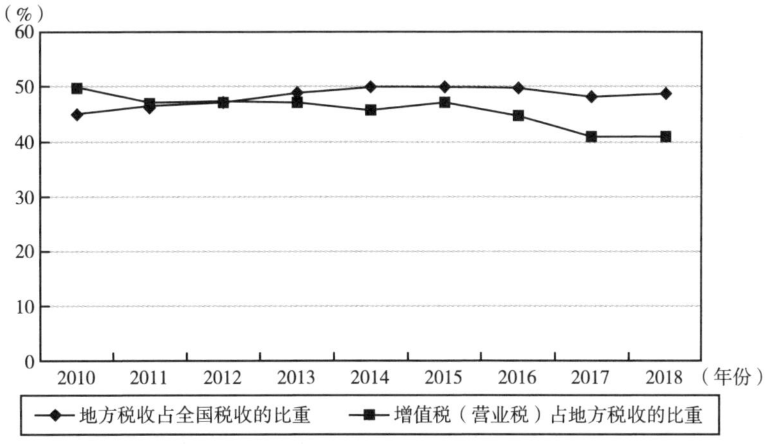

图 1－3　“营改增”占比趋势

资料来源：根据 2010～2018 年《中国统计年鉴》数据整理分析得出。

三、我国地方税体系的税权现状

与大多数法律仅作为“单一法”相比，我国税法属于“复合法”，是由多部税收实体法和税收程序法组成的一个法律体系。由于我国没有一个统一的“税收基本法”规范协调各个单一税法，所以，迄今为止，关于中央和地方税体系还没有某个法律有一个完整、系统的表述。

（一）关于税收立法权

从散见于各项法律制度中关于地方税收立法权的规定，基本上体现在两个方面：第一，省级（含自治区和直辖市，下同）人民代表大会及其常务委员会，可以根据本地区经济和社会发展的具体情况，结合实际需要，以不违背税法由国家统一立法、不影响中央财政预算收入、不妨碍国家统一市场的形成等因素为前提，可以行使全国统一税种以外的地方税种的开征权和停征权；第二，属于地方税体系税法的公布、税种的开征，应该由省级人民代表大会及其常务委员会统一规定，在公布实施之前向全国人民代表大会常务委员会报备。从1994年分税制执行情况来看，目前，只有筵席税、屠宰税、固定资产投资方向调节税等原来保留下来的少数几个税种，在全国范围内，几乎各省级地方财税部门均已经停止课征。

（二）关于税收解释权

根据《中华人民共和国税收征收管理法》（以下简称《税收征收管理法》）、《中华人民共和国税收征收管理法实施细则》（以下简称《税收征管法实施细则》）、《中华人民共和国立法法》（以下简称《立法法》）规定，经省级人民代表大会及其常委会的授权，省级人民政府可以行使在本地区的税法解释权，以及制定各地方税的实施细则、调整税目、税率的相关权力；在不违背上述相关规定的基础上，制定本省级相关的税收征收管理办法；也可以在全国人民代表大会或国务院明确某些地方税法或条例规定的幅度内，确定适合本地区适用的税率或税额，例如我国目前契税的税率形式为幅度比例税率，税率幅度为2%～4%，河北省等地区自行规定本地区的税率为3%。上述地方具有的税收权力，除税法解释权外，在发布实施前需报全国人大或国务院备案。

第五节　地方税收征收管理相关的主要概念

一、地方税务机关执法能力

（一）地方税务机关的界定

根据1994年分税制的规定，国家将税收收入的征收和管理使用权限划分为中央税、地方税和中央地方共享税，相应的征收机关也划分为国家税务局和地方税务局。其中，中央税和中央地方共享税归属国家税务局征收，税务机关由国家税务总局领导；地方税归属地方税务局征收，省、自治区、直辖市以下设置地方税务局，税务机关受国家税务总局和省级人民政府双重领导。

2018年国税地税合并以后，地方税务局被撤销。根据中共中央印发的《深化党和国家机构改革方案》第四十六条“改革国税地税征管体制”规定：“为降低征纳成本，理顺职责关系，提高征管效率，为纳税人提供更加优质高效便利服务，将省级和省级以下国税地税机构合并，具体承担所辖区域内各项税收、非税收入征管等职责……国税地税机构合并后，实行以国家税务总局为主与省（自治区、直辖市）政府双重领导管理体制。”①

因此，根据以上相关政策规定，可以将地方税务机关的含义界定为省以下税务机关。

① 中共中央印发《深化党和国家机构改革方案》［EB/OL］. 新华网，http：//www. xinhuanet. com/2018 -03/21/c_1122570517_3. htm.

（二）执法能力的界定

执法，顾名思义就是执掌法律，包括手持法律做事，传布、实现法律意志。执法的含义有广义与狭义之分，广义的执法泛指国家行政机关、司法机关和公职人员依照法定程序实施所有法律活动。狭义的执法，是指法的执行，包括国家行政机关和法律授权、委托的组织及其公职人员，在行使行政管理权的过程中，依照法定的职权和程序，贯彻实施法律的活动。

依照上述含义，税务机关属于国家行政机关，其执法能力应该属于狭义的范畴，因此，可以进行如下表述。

税务机关执法能力，是指税务机关及其行政人员，依据法律授予的权力、职责和程序，在税收征管及其他行政管理过程中，贯彻和实施法律的行为。

税务机关的执法能力应体现在四个方面：一是理解领会法律精神的能力；二是法律法规的宣传解释能力；三是对违法行为进行准确判定的能力；四是依据法律制作执法文书的能力。

（三）地方税务机关执法能力与其他机关执政能力的区别

税务机关的执法，体现为税务机关在党的领导下，高效有力地调动服务和管理资源，根据国家税收法律，充分发挥税收宏观调控和筹集资金的职能，促进经济社会全面协调可持续发展。税务机关执法的原则是与时俱进、执法为民、依法行政、创新制度、改进执法方式和从严治队。税务机关执法行为是具体行政行为、是有责行政行为；地方税务机关区别于其他机关单位，具有执法内容多、工作强度大、与群众接触较为密切等特点。

二、纳税服务及其体系的含义

（一）纳税服务的基本内涵

纳税服务是指税务机关根据税收法律法规规定，在税收征收管理、税务检查、税务司法救济等税收行政行为过程中，对纳税人、扣缴义务人以及其他与纳税行为相关的主体提供的服务事项和管理措施。它是税务机关为保证纳税人依法诚信履行纳税义务而进行的基础性工作。

纳税服务有广义和狭义之分，广义的纳税服务是指能够为纳税人提供帮助的覆盖整个税收过程的机制和措施。广义纳税服务的提供方不仅仅是税务部门，还包括社会中介机构及其他相关部门，其服务范围贯穿税收立法、执法、司法和税收救济全过程；狭义的纳税服务仅仅是指税务机关在征管过程中向纳税人提供的各种服务，是税务部门为帮助纳税人完成涉税业务在税前、税中、税后所采取的一切措施。

本书所研究的纳税服务是狭义的纳税服务，可以从以下四个方面来理解。

第一，纳税服务的主体是税务部门。一般情况下，纳税人接受的涉税服务有可能来自税务机关、社会中介机构（如会计师事务所、税务师事务所等）或新闻媒体。从狭义的角度来看，提供纳税服务的主体仅包括各级税务机关，这和社会中介及新闻媒体提供的服务是有明显区别的。一般情况下，中介机构提供纳税服务具有有偿性特征，是一种服务和被服务的平等主体之间的民事法律关系；新闻媒体向社会公众宣传税收政策具有不确定性，没有法律制度上的硬性规定，只是起到了信息传递作用，并且其受众面是全体公民，而不仅仅针对纳税人。而税务机关由于其和纳税人之间存在一定的税收法律关系，为纳税人提供税法宣传、咨询等是税务机关的法定义务，提供纳税服务是税收法律关系内容的一个重要组成部分，纳税服务属于税务部门的一项行政行为，具有无偿性，纳税人在接受纳税服务时，无须支付任何报酬，但它是以纳税人承担纳税义务为前提，体现的对等关系是一种权利与义务的平衡。税务部门提供纳税服务，不仅有利于提高纳税人依法纳税的荣誉感，也有利于提高纳税人自愿缴税的遵从度。

第二，纳税服务的对象主要是各类纳税人。纳税服务是纳税人在履行纳税义务过程中可以享受到的一种特定服务，也是其应有的法定权利。由于纳税人队伍庞大，税务机关为了更好地提供服务，要具体问题具体分析，根据不同纳税人的需求配备有差异化的服务，同时也要不断了解并且明晰纳税人的需求，以便不断改进纳税服务。另外，要正确处理纳税人权利与义务之间的矛盾，既保证纳税人的权利不受侵犯，也要保证纳税人履行相应的义务，可以按照规定的章程来约束或纠正纳税人的错误，同时也为纳税人提供更加合理的帮助。反之，如果税务机关不能依法提供相应的纳税服务，纳税人也有权寻求法律救济。

第三，纳税服务的范围是与涉税有关的相关服务。随着国家税收政策的不断调整和大数据的广泛应用，纳税服务贯穿整个税收征管过程，包括税前组织的税收宣传、培训、辅导，税中提供的有利于降低办税成本的各种帮助，税后为纳税人提供的纳税服务法律救济等。随着经济的发展和社会的进步，纳税服务的范围将得到拓展，这必将促进税收征管体制改革的进一步深化。

第四，纳税服务必须依法提供。当今社会，建立法治政府，依法行政成为行政体制改革的必然要求，所以税务部门各项活动都必须依法进行，纳税服务也不例外。如果没有纳税服务相关法律规定，税务机关在征税过程中也会深入企业，帮助企业解决一些涉税问题，但是没有法律依据的纳税服务是可有可无，可大可小的，只能算是税务人员为完成税收任务，在征税过程中向纳税人提供的一种帮助。因此，出台纳税服务法律法规，并将其作为税务机关提供纳税服务的法律依据，税务机关不仅不能回避自己的这项职责，还必须按照相关规定认真履行这项职责。纳税服务不能与法律脱节，不能侵害国家利益，也不能侵犯法人、公民的权益。纳税服务是依法服务，因此建立健全纳税服务相关法律是必然选择。

（二）纳税服务体系的含义

纳税服务体系是指构成纳税服务框架的各个维度的服务内容及其相互之间的关系。具体来说，纳税服务体系是由纳税服务观念体系、制度体系、组织体系、业务体系、技术体系和纳税服务质量评价体系构成的一个相互联系的有机整体。构建便捷高效的纳税服务体系，就是要在科学的服务观指导下，充分运用现代信息技术，使服务内容不断丰富，服务形式灵活多样，通过简化办税流程，精简申报材料，使纳税人减少往返税务机关的办税次数，降低纳税成本，提高税收征纳双方的效率。

第二章
文献综述

第一节　国外文献综述

一、国外关于地方税体系建设的文献综述

相较于我国20世纪八九十年代才探讨“分税制”问题，国外对于财政分权体制有了较早的论述。在20世纪中叶，美国等一些国家对于财政分权体制及其税收划分问题的探讨，对其进行相关研究提供了一些理论依据。

在分税制问题上，有着非常广泛的探讨，既包括了分税与分权，也包括了分征和分管，以及直接税与间接税在分税制中的地位与作用。

（一）关于分税与分权基本理论问题研究

蒂伯特（Tiebout，1956）是最早提出“用脚投票”的理论创始人，他认为，纳税人会把缴纳的税款和获得的政府公共服务加以比较，在二者之间寻求效用最大化的组合形式，该组合形式会决定其选择居住的地域。因此，该理论从不同区域的地方政府横向关系分析地方财权分立存在的必要性。

美国学者施蒂格勒（George Joseph Stigler，1957，1960，1971，1972）提出了市场失灵条件下政府参与管理的职能及作用，提出了最优分权模式的“菜单”（menu）理论，其中，也强调了在分权模式下地方政府的作用。

奥茨（Oates，1972）在其《财政联邦主义》的著作中，通过条件假定提出了“分权理论”，他认为，对于中央政府和地方政府提供同样一个公共产品时，如果其成本是相同的，地方政府比中央政府更具优势，因为地方政府更为接近自己的受众，更了解本地区的公众需求偏好，在此情况下，地方政府比中央政府会更有效率。

布坎南（Buchanan，1980）提出，如果把利益分享者形成的组织看成一个俱乐部，那么，新成员的加入，会促使固定成本增加，从而导致外部不经济等问题，由于新成员的加入会影响到原有市场的最佳效应，进而使边际成本发生变化，必然促使俱乐部新成员的共享成本平衡点发生改变，并出现新的平衡点，在此前提下，地方政府对于公共产品的规模效应有其明显的特点。

特里西（Tresch，1981）在其著作《公共财政学》中提出了错误偏好理论。该理论认为，由于不完全信息的问题，导致政府确定社会成员的偏好出现失误，最终提供的公共产品并不符合公众的偏好，形成社会资源的浪费，而地方政府更为接近公众，可以为公众提供更符合需求的公共产品与服务，使社会福利最大化，这也为实行分权模式下突出地方政府的优势提出了理论依据。

（二）关于直接税与间接税研究

关于直接税和间接税的划分，英国经济学家约翰·穆勒（John Stuart Mill，1806）认为，以税收立法时预期税负是否转嫁为标准来划分直接税和间接税，所谓直接税，就是由谁缴纳就由谁来承担的税；所谓间接税，则是这样一种税，虽然表面上是对某个纳税人征收，但实际上，该纳税人可以通过损害他人的利益来使自己得到补偿，货物税、关税便是间接税最好的例证。除此之外，也有以税源为划分标准的，认为对与土地有关的标的物征收的税是直接税，对其他标的物征收的税则属于间接税。还有的以财政机关的规定为标准进行划分，认为税源稳定、税收确实、纳税的人和物都记载于税籍底册上，并且可以持续永久课征的税种是直接税；而其他临时偶然课征的税属于间接税。虽然第一种标准较为常见，但能否转嫁通常是一个比较模糊的概念，因此，直接税与间接税的分类问题虽然由来已久，使用频率很高，但至今仍没有一个统一的定论。

（三）关于地方税体系对地方财政收入的影响

马斯格雷夫（Richard Abel Musgrave，1996）通过对集权型和分权型财政体制进行比较，认为分权的联邦架构在资源配置、收入分配、经济稳定等方面更具优势。他认为，由于公共产品和公共服务的受益范围受空间上的限制，因此，应当分别由获得利益的辖区来提供，并在该辖区范围内支付费用。全国性的公共产品应当通过开征全国性的税种筹集资金，地方性的公共产品则应当通过在受益辖区内征税来取得所需资金。

布莱德利·T. 海姆和于连提·阿巴斯（Bradley T. Heim，Yulianti Abbas，2015）通过对 2000 ~2008 年税收统计数据进行分析，研究联邦抵扣额对州和地方销售收入的影响，发现销售税的联邦抵扣额使州政府的人均销售税收入增加，使个人所得税和企业所得税、财产税收入降低，但是对地方销售税收入的影响微乎其微。

萨宾娜·罗贝克、萨黑·曼赞斯基、埃尔兹贝塔·赞斯克和约翰尼·罗索卡（Sabina Zrobek，Siarhei Manzhynski，Elzbieta Zysk，Yauheni Rassokha，2016）认为，地方税是地方财政预算的稳定收入来源，能够对当地经济进行有效刺激，因此，提出以经济效率、公平性、透明度、可收回性和再生产作为地方税的评价标准。

二、国外关于税收征管体制的文献综述

（一）关于税收征管体制的研究

在国家税收征管和税收征管体制的论著中，国外主要有三种观点：一是

早期古典学派的研究；二是历史学派和社会政策学派的研究；三是新公共管理理论学派的研究。

在古典学派中，以威廉·佩第（William Petty）和亚当·斯密（Adam Smith）为代表。威廉·佩第（1662）在《赋税论》中提出了“公平、简便、节省”三原则，其中，“简便”原则就是要求政府制定征收程序要简便明了。亚当·斯密（1776）在《国富论》中提出“平等、明确、便利、经济”四原则，其中，“便利”原则就是要求政府在税款征收时应该从纳税人角度考虑纳税期限、纳税地点和征收方式，以便纳税人缴纳税款。

在历史学派和社会政策学派中，以瓦格纳（AdolfHeinrich Gotthilf Wagne）为代表，创立了税收管理理论新体系。瓦格纳（1872）在《财政学》一书中，在税收管理概论中，明确了税收管理的性质、税法的执行或征管程序，包括税收的确定、征收、控制及处罚等一系列规定。

（二）关于财政税收管理权限划分的研究

美国经济学家夏普（Sharp，1977）认为，中央与地方、地方各级政府之间的职能不能相互替代，因而，财政税收的管理与使用权限，应该根据政府职责之需，按照事权与支出责任相匹配的原则，合理划分财权、财力。

罗伊·鲍尔（Bahl，1999）认为，科学地划分财税收入是为了使其发挥正面效应，防止其对税收政策及其税收管理产生扭曲效应。因此，要使各级政府的财政收支达到平衡，以利于职责有效完成，税收管理权限的划分，首先就要明确事权与支出责任，然后调整相应的财权与税权，合理划分收入。

三、国外关于税收信息现代化的文献综述

20世纪80年代，先进技术的发展推动了信息技术在公共管理领域的应用，税收信息现代化作为社会信息化的重要组成部分，也在理论与技术应用方面不断创新。

（一）关于税收信息化建设问题

詹姆斯（James A. C. , 1930）在其论著中阐述了“业务流程再造理论”的应用价值。他认为，要提高服务质量，提升用户满意度，就要充分运用先进的现代技术，强化信息化建设，通过各种手段，将物流、资金流、信息流加以融合，从而优化业务流程。

阿克尔洛夫（George Akerlof，1970）在其论著中，对信息不对称理论提出了自己的看法，同时指出，要使信息获得更高的效益，就要充分利用各种信息资源。

拉莱（Lally，2003）指出，要提高税收征收管理的质量，强化税收征管效率，就必须在税收立法建设、征管形式以及税收环境等方面深入研究，同时，凭借其在税收信息化建设的深厚造诣，提出了信息化建设对税收征管的作用。

约瑟夫·G. 艾森豪尔（Joseph G. Eisenhauer，2007）认为，纳税人选择什么样的行为，可以通过动机偏好和风险厌恶两种方式做出解释。即使纳税人再怎么理性，也会通过对不遵从税收制度获得的收益与成本进行比较。同时，他还对税收遵从的影响因素进行了分析，并提出通过获取第三方信息来精准识别纳税不遵从的维度。

拉塞尔·M. 林登（Russell M. Linden，2013）通过实证分析，验证了积极运用流程再造理论与互联网相结合，可以使税收征管效率提升22%，对于强化税收征管信息化建设起到了重要的推动作用。同时，推动了信息不对称理论的运用与发展。

（二）关于“互联网+税务”问题

经济合作与发展组织（OECD，2007～2010）在有关税收管理论坛中指出，为了强化税收管理服务的多元化和一体化，推进纳税人身份编码实现唯一化和标准化，应该将人力、物力、财力投入侧重于基础建设和税务信息技术应用，以利于提高“互联网+税务”服务效率，提高纳税遵从，降低遵从成本。

OECD（2012）进一步提出，在“互联网+”的技术支撑下，为确保数据的安全稳定，保障一般涉税信息共享和特殊授权的涉税信息共享的同时，应建立税收信息安全防护体系。

四、国外关于地方税务机关治理与执法能力的文献综述

（一）关于依法治理的研究

基什勒（Kirchler，2007）认为，对于政府税收征管部门的不信任导致了征收税款效率的下降，而依法征税能提高纳税者主动足额缴纳税款的积极性。

范·科莫（Van Kommer，2012）介绍了西方一些国家在征税时遇到的实际问题，而诸多逃税的原因是逃避缴纳税款以获得收益，以及涉税征管中存在的漏洞。

（二）关于提高征管效率的研究

阿南西·瑟拉曼（Ananth Seetharaman，2011）指出，注册会计师和税务师可以根据自身专业经验利用财务报告找到财务报告中的信息质量问题，从而利用中介机构提高纳税人的纳税效率。

博朱旺·穆斯塔法（Bojuwon Mustapha，2015）通过实施调查和分析有效问卷，认为网络办税服务的质量和效率越高，纳税人对纳税服务的满意度也越高。

（三）关于税务机关组织建设和政府治理的研究

亚当·斯密（Adam Smith，1994）在谈到税收时提出了“平等、确定、简便、节约”的原则。事实上，简便原则就是指在纳税过程中纳税人纳税成本要降低，这样才能使纳税人在纳税过程中不会感到厌倦，保证纳税人能够及时足额纳税。节约则是更多地从政府的角度看问题，税务部门的相关开支最终其实还是由广大纳税人“埋单”的，如果在征税过程中效率较低，必然会造成公共资源的浪费，从而进一步加大纳税人的纳税负担。

北野弘久（2001）的研究中，不再把征税权力和纳税服务割裂开来。他

认为，从税法制定的初衷来看，税法的根本目的应该在于保障纳税人的经济利益，为国家取得税收收入只是其附加作用，政府的利益不得凌驾于纳税人之上，因此，政府制定相关政策应符合社会公众利益。

五、国外关于税收征管治理风险的文献综述

发达国家税务机关和相关学者对于税收风险管理的关注可以追溯到20世纪八九十年代。早在1997年，经济合作与发展组织就论述了税收风险管理的相关理论，该组织明确了现实中存在的税收问题。部分国家从1990年开始，将税源进行了具体的分类，对于税收流失风险较大和对财政收入影响较大的纳税人进行了重点关注。进入21世纪，一些发达国家在税收风险领域的相关研究，也迈向了新的台阶，取得了巨大的进步。

风险管理理论的研究促进了税收执法风险研究的诞生，在美国，更多的企业开始关注税务风险。主要是企业通过对相关纳税风险进行研究和防范，达到降低税收防范风险的目的，以此来规避受到政府部门制裁的效果。

经济合作与发展组织（OECD，2004）强调了税收风险管理具有重要地位，根据税收风险优化政府资源分配机制，让政府管理更具效率。

达维达·A. 根瑟（Davida A. Guenther，2003）利用实证分析，证明了企业风险和税务风险之间的正相关关系，其研究主要侧重于企业在纳税中的不确定性。

安德鲁·鲍尔（Andrew Bauer，2014）把税务风险更多地归咎于税务法律和会计准则的差异，由此导致相关的应纳税额不一致，会加剧企业纳税时的难度。企业管理者在决策时，可能不重视税收风险的企业，报送给税务机关的财务报告的真实性和合法性或许并不可信，因此，税务机关在执法过程中难免会由于信息的不真实性面临巨大的工作压力。

基思（Keith，2013）建议，在处于全球税务风险事件高发的外部环境中，政府和税务机关更要将税务执法公开化和透明化，主动接受社会公众的监管，结合实际情况，把更多先进的税收征管手段落实到税务征管工作中，从而提

高工作效率和社会公众的满意度。

六、国外关于纳税服务的文献综述

某些发达国家的税收服务研究较中国来说开始得更早，因此，其理论研究和实际运用都更加成熟。通过深入分析，发现纳税人的合法权益是这些国家税收治理中纳税服务体系很重要的组成部分，它们通过不断改革完善法律体系，来保证广大纳税群体在纳税行为中的利益不会受损，在纳税行为中感到满意，并能够形成主动纳税的意识，从而提高税务机关的征管效率。

巴扎雷（Michael Barzelay，1992）认为，政府作为提供公共服务的主体，注重政府工作的效率本是分内之事。但是，由于社会的进步，社会公众越来越重视公共服务的质量，这从公共服务的受众角度对政府的执政理念提出了新的要求。

海尔瑞（Hairy，2007）指出，纳税服务工作的不断改进离不开及时的调查反馈，要定期开展纳税服务工作评价，从服务内容、服务手段、纳税人反馈、服务体系等方面进行客观评价。

米尔莱斯（Mirrlees K.，2011）提出，纳税人的纳税意识只是源于内心道德感和对法律的服从，税务机关的服务也有重要的促进作用。通过优化服务方式，进行热情的宣传，纳税人的遵从意识将大大提高。

第二节　国内文献综述

一、国内关于地方税体系建设的文献综述

（一）关于地方税体系总体结构的研究

邓子基（2007）指出，目前分税制并没有发挥出相关优势，因为“分税

未分权”。税法的立法权几乎都集中在中央，只有极少量的税种开征、减免权给了地方政府。

高培勇（2015）在分析现行分税制条件下相关税制设置出现“漏项”的情况后，全面阐述了建立现代税收制度的新思维和操作路径，提出了如何实现由“建立与社会主义市场经济体制相适应的税收制度基本框架”到“建立与国家治理体系和治理能力现代化相匹配的现代税收制度”实现路线。

王乔、席卫群（2015）在阐述现代国家治理体系基本内涵的基础上，提出了地方税体系建设与转移支付制度等财政分配手段的比较优势。他们认为，从信息共享、提高效率和激励机制等方面来看，完善地方税体系建设，在推进社会经济发展以及国家治理现代化方面更具优势。因此，要转变政府职能，必须理顺市场、政府与社会的关系，通过重置并完善地方税体系，构建分层治理的基础，促进法治国家体系建设。

（二）关于地方税体系建设中税种的设置问题

贾康（2012）认为，在地方税体系建设中，应重点将财产税和资源税打造成地方税的主体税种。

梁俊娇（2012）结合对不同税种开征的可行性条件进行分析，指出了不同层级的政府在经济建设与社会发展中所体现的职能差异，提出应该按照不同政府的责任来确定税种及其收入归属的管理权限。

徐全红、王艳芝（2017）提出，在强调将资源税和财产税作为地方主体税种的前提下，地方税体系建设是我国“营改增”以后理顺中央和地方事权与财力匹配关系的关键一环。

（三）关于直接税改革的研究

自党的十八大提出“我国深化财税体制改革的基本目标之一，就是要完善地方税体系，逐步提高直接税占税收收入的比重”的税制改革目标以来，直接税建设和地方税体系的完善成为学术界关注的热点话题，学术界围绕直接税比重提高的必要性、直接税的功能和地方税建设展开了广泛而深入的研究。

朱志刚（2013）认为，构建我国直接税与间接税合理搭配的税制结构，既要继续实施减轻企业税负，完善个人所得税和房地产税、社会保障“费改税”等税制改革措施，同时又要注重与税收管理创新相配合，逐步扩大直接税税收收入，降低间接税在税制结构中的比重。推进社会保障费改税改革，为老龄化社会提供规范的收入保障，考虑开征遗产与赠与税，发挥税收调节代际收入差距的功能等。①

贾康（2015）认为，直接税的调节功能非常强大，它和收入功能相伴而生，尤其是对纳税主体利益分配结构和行为导向的影响方面更明显。直接税最主要的调节作用，集中体现在按照支付能力原则“抽肥补瘦”方面。他从其他国家发展的经验中总结出这种功能的重要性，认为在整个社会分配全流程中，直接税占有不可或缺的地位。

王军昆（2017）认为，为实现“十三五”规划纲要提出的“加大再分配调节力度，调整优化国民收入分配格局，努力缩小全社会收入差距”的目标，应加大税收对调节国民收入分配的调节力度，尤其是要通过提高直接税在税收收入中的占比。

李春根（2017）认为，逐步提高直接税比重，优化税收结构是我国未来财税改革的趋势，也是优化我国现行税收格局的重要举措。然而，提高直接税比重，存在第三方涉税信息问题、税收立法问题、社会信任问题等难度。需通过构建涉税信息平台，破解直接税征管难题。推进直接税立法工作，落实税收法定原则。直接税比重的提高是一个系统工程，需要政府及其他部门的大力配合才能有效推进这项改革。

高培勇（2018）认为，新的时代赋予税收新的职能，在新的时代背景下实现税收职能的唯一选择就是要在推进间接税改革的同时，推行以个人所得税和房产税为代表的直接税改革，以此来优化税制结构，健全地方税体系，重塑中央和地方财政关系新格局。

① 朱志刚，高梦莹．论直接税与间接税的合理搭配［J］．税务研究，2013（6）：46－49.

张斌（2019）认为，要实现我国经济结构的转型，出路在于提高直接税的比重，这既是实现社会公平的体现，也是建立与扩大消费长效机制的客观要求。同时，提高直接税比重，有利于减少市场扭曲，促进创新驱动和产业结构升级。

高智（2019）认为，当前非均衡的税制结构难以发挥税收调节收入分配、促进社会公平的功能。现代税收制度改革的根本出路在于继续深化直接税的改革，不断提高直接税的比重。他认为，必须从完善国家治理体系和提升国家治理能力角度深化现代直接税制度改革，以适应国家治理现代化的目标。

（四）关于地方税制建设问题

倪红日、陈东（2001）在对中美两国地方税制进行比较分析后认为，我国地方政府的税权相对很小，应适当给予地方政府一定的税权，否则会影响地方财政正常周转，进而加大对中央转移支付的依赖，给中央财政造成更大的压力。另外，我国地区间经济发展很不平衡，财源结构也相差很大，适当对地方政府下放一定的财权，有利于地方政府因地制宜地筹集资金，避免全国统一的政策规定难以适应各地实际的情况发生。

覃玲（2014）通过对国外地方税制的比较分析，认为不管是分权型、集权型，还是集权与分权结合型的国家，在确保中央政府主导地位的同时，均赋予了地方政府一定的税收管理权限，特别是一定的地方税立法权，这对于稳定各级政府间的财政分配关系具有重要意义。覃玲认为，在我国，强调中央税权集中的同时，适当给予地方一定的税收立法权，有利于增强地方政府对经济的宏观调控能力。

王曙光（2019）认为，地方税体系的构建路径有三：第一，要规范地方税种结构，将现行房产税和城镇土地使用税合为房地产税，并确立为地方主体税；通过加快推进房地产税改革，重新划分车辆购置税收入归属，将社会保险费改为社会保障税，适时开征遗产与赠与税等措施重构地方税新格局。第二，要加快地方税法制建设，通过全面落实税收法定原则，合理划分中央与地方事权与税权。第三，要强化地方税征管，通过提升地方税征管质效，加大对偷逃税违法行为的处罚力度。

冯曦明、蒋忆宁（2019）认为，目前我国地方税体系法制建设落后，地方税体系主体税种缺位，因此，地方税体系的完善，应从完善地方治理的角度着手，寻找合适的税种作为地方税体系的主体税种。他认为，房地产税、资源税和个人所得税都可以作为地方主体税种来培育。

目前，在我国现行税制结构中，直接税比重偏低，影响了税收调节收入分配的力度。因此，我国应继续深化改革，要正确判断和认识我国经济社会的发展阶段，对于理解为什么要构建具有中国特色的直接税制度具有十分重要的意义。

综上所述，不管是在国内还是在国外，学者们在直接税的功能方面达成了共识，认为直接税在促进公平、稳定经济方面发挥了重要作用，因此，应该重新调整直接税和间接税的比重，进一步优化税制结构。另外，目前国内已有的研究充分证明，在我国税制结构中直接税比重偏低，存在税种设置缺失、要素设计不合理等问题，这些因素的存在，制约了我国直接税制度的改革进程，弱化了直接税调节收入分配的功能，也与党的十九大所提出来的加快直接税改革步伐的要求相背离；在地方税设置方面存在主体税种缺失问题，但对以所得税还是财产税作为地方主体税还存在争议。总之，学者们在直接税和地方税方面的研究很多，成果显著，但是在地方税制建设方面的研究相对较少，而以直接税为特质的地方税制体系构建方面的研究则更少，本书正是以此为切入点，分析研究我国目前以直接税为特质的地方税制建设的现状及存在的问题，然后结合新时代要求，对如何构建以直接税为特质的地方税制体系提出思路。

二、国内关于税收征管体制的文献综述

涉及地方税收征收管理体制，说到底，属于财政管理体制相关分税分权问题，即如何将不同税种的征收和管理使用权限合理区分，提高税务机关征管效率，从 1994 年实行分税制开始，为了调动中央和地方两方面的积极性，

税务部门相应划分为国家税务局和地方税务局。党的十九大以后，为了推进税收法治化进程和税收治理现代化，于 2018 年将国税和地税进行合并，因此，目前地方税种由某一级税务机关统一征收，更有利于解决纳税人“多头跑”的问题，优化纳税环境，为纳税人提供更大便利，进而提高征管质效。但是，对于税收征管体制的研究历史，仍然有必要进行梳理，以期达到“温故而知新”的目的。

（一）关于如何划分地方税收管理权的研究

王雍君、张志华（1998）认为，有关制度的制定应该与政策手段保持平衡，因此，中央和地方税权的划分，应该坚持以下三项原则：第一，事权与支出责任相适应；第二，税权划分应坚持中央统一领导；第三，税收管理权适度下放地方。

杨卫华、杨静（2001）认为，关于税权的划分，应坚持以下原则：一是集权与分权兼顾；二是税权与事权相对应；三是税权划分要依照法定原则。

（二）关于下放税收管理权限具体措施的研究

王诚尧（2010）认为，应该在统一税政的基础上，在省以下各级税收管理体制中，给予地方政府一定的税收自主权，以达到税收收入在省、市、县三级地方政府合理分配。

刘佐（2013）指出，关于给予地方税收立法权，可以划分为两个层面：一是涉及全国统一征收的地方税种，中央拥有立法权，地方拥有一定的调整权；二是中央准许地方开征一些特殊税种，相关立法权归属地方。

（三）关于“国地税合并”问题研究

李林木（2018）认为，国税地税合并，不仅有利于优化营商环境、提高纳税服务质量、提高税收征管效率，还有利于税务部门拓展相关职能范围，统一各税种计征收入标准，在优化涉税资源的情况下，强化纳税遵从，可以为分权分税的国家做出示范效应。

司言武（2018）认为，国税地税征管体制改革是一项利国利民利企利税的改革，对优化税收营商环境、促进国民经济发展必将起到重要推动作用。涉税业务规范统一，税务资源整合升级，征管能力有效提升，征纳成本稳步降低，是实现税收现代化的必然要求。①

李克桥（2018）认为，国地税合并是党和政府机构改革中推行的一项重大举措，是强化税收治理现代化的有力抓手。一方面，减少了职能交叉，降低了征管成本，提高了征收效率；另一方面，也促使税务部门进一步提高行政效率，增强纳税人获得感。

三、国内关于税收信息现代化的文献综述

对于税收信息化建设问题，国内不同的学者，从其概念、建设的必要性、建设的重点内容，以及未来趋势方面作了较为深入的研究。

（一）关于税收信息现代化建设的基本认识

国家税务总局教材编写组（2003）指出，税收信息化建设，是税收征管业务的重组、税收征管机构的重组，以及税收信息系统建设的一系列事关全局的工作，它以现代信息技术为依托，致力于提高征管效率。

张新、安体富（2012）认为，要实现税务系统内部及涉税部门的信息共享，提高税收征管效率，就必须实现涉税信息互联互通，因此，税收信息现代化实质上是指把税收管理的业务纳入电子与网络管理系统之中。

（二）关于税收信息现代化建设的重点

谭荣华（2002）认为，要提高税收征管效率，税务系统应建立以互联网为依托的电子税务局，并且提出了电子税务局的基本功能和技术构建体系。

① 财税专家话改革. 国家税务总局浙江税务局网，http：//zhejiang. chinatax. gov. cn/art/2018/7/16/art_13230_417512. html.

汤农、张霏佳（2010）认为，要实现信息资源的整合利用，就要强化第三方报告制度，同时指出，应提高电子申报资料的法律效力。

童光辉（2013）指出，要强化涉税信息分析与应用，完善第三方涉税信息共享制度，搭建国内通用的信息应用平台，就必须树立正确的现代化理念、加强顶层设计。

（三）关于“互联网+税务”的功能设计

2015年9月28日，国家税务总局推出了《“互联网+税务”行动计划》，作为国务院税务主管部门提出的这一方案，属于顶层设计，为推进税收管理工作与互联网技术高度融合提出了解决路径。

龙跃辉（2015）提出，“互联网+”与税收管理工作相结合，其首要任务是将纳税人的共性需求与个性需求有机结合，实现涉税信息共享，利用现有互联网技术，提升涉税资源的有效利用水平。

朱青（2015）认为，所谓“互联网+税务”模式，就是在现代网络与信息技术支撑下，对海量涉税数据进行收集加工，有效管控涉税信息流，并实现涉税信息在相关部门的共享，解决信息不对称问题，提高税收征管质效。

韦巍、刘金林和周琼（2015）指出，为了提高纳税服务水平，强化税收征管效率，构建和谐的税收征纳关系，就要在“互联网+税务”背景下，充分利用整合涉税数据资源，将互联网技术与数字技术在税收现代化建设中进行有效融合。

四、国内关于税务机关治理能力的文献综述

（一）关于依法治理的理论研究

胡俊坤（2004）表示，在税收征管过程中，要保证税收征管工作的合法性，以此保障税收公平，促进经济社会的平稳发展。

肖厚雄（2008）认为，依法纳税是纳税人的义务。而依法享受纳税服务

则是纳税人的基本权利，这也是政府为纳税人提供的公共服务之一，征税管理工作理应受到纳税人的监督。

任小军（2013）认为，纳税人对于税务部门的税务工作越满意，就能使税务征管工作越顺利。因为在这种情况下，纳税人主动纳税的意识也就越强，税务部门的工作压力也就越小。

王凤鸣、陈海英（2014）认为，权力的过度集中使得腐败滋生。税务部门同样有滋生腐败的风险，所以税务部门也需要纳税人的监督，事实上，这既是对于腐败的制约，也是纳税人对税务征管工作的帮助。

葛洪义、严文俊（2017）研究发现，税务机关的权力必须在法律的框架下进行，如果没有法律的监督，那么税务部门的相关工作开展的时候将不再受到约束，这必然造成更大的执法风险。

（二）关于税收征管改革创新的研究

薛刚（2009）把税务部门的工作理解为政府为社会公众提供的公共服务，这也是纳税人向国家缴纳税款的必要回报，所以政府有必要将税收征管工作的重点向纳税人的方向倾斜。

王瑞雪（2013）认为，税务部门应该紧跟互联网的时代潮流，积极推进互联网在纳税中的应用，主动开展纳税培训，帮助纳税人更加便捷地缴纳税款。

刘京娟（2015）认为，税务机关应该建立纳税人评价的机制，以纳税人的要求来约束自身，从而优化税务征管工作，提高税收征管的服务意识。

杨瑶红（2016）指出，地方税务机关应该建立与纳税人评价相关的考核制度，以此提高纳税服务的质量。

孙静、吉富星（2016）指出，长期以来的官本位思想不利于税收征管干部从税务征管的监督者向服务者的角色转变，要想彻底改变之前服务上的缺点，就必须及时转变这种思想。

（三）关于税务机关组织建设的理论研究

李志伟（2009）指出，要建立纳税服务评价指标，才能在对税务征管人员的考核中有迹可循，在具体指标的规范下，税务征管人员才能做到有的放矢，迅速提高自己的业务水平。

薛刚（2010）指出，在当前经济发展的大环境下，纳税人和税务征管机构在某些问题上还存在着一些认识上的差异。由于思考问题的角度不同，税务部门很难对纳税人关注的问题给予最大化的帮助，这就要求税务征管干部多从纳税人的角度出发思考问题。

史永进（2011）认为，税务部门要把税务服务放在更为重要的位置上。但是由于力量有限，也不能把重责全部压在税务征管干部身上，可以考虑充分发挥市场经济的作用，积极寻求社会力量的帮助，让更多的第三方机构参与到纳税服务中来，以此为税收服务提供助力。

张瀛霞（2012）指出了纳税服务满意度指标体系存在的缺陷，并在原来存在不足的地方寻求进一步的优化措施，为构建更合理的评价指标提出了自己的看法。

杨瑶红（2016）表示，纳税服务事实上并不是地方税务机关自身的责任，税务征管的收入是政府的财政收入的重要组成部分，那么政府也有必要为纳税服务的质量负责，可以考虑把纳税服务的满意度评价列入政府的考核指标，以此帮助提升税务征管的服务质量。

五、国内关于税务机关执法风险防控的文献综述

在税务机关执法风险防控方面，我国的理论研究起步较晚。随着我国经济环境不断调整和税收政策改革，我国学者对于税收风险的防范逐渐重视起来，并且取得了长足的进步。

段光林（2009）将企业的风险管理理论结合到税收征管之中，为相关研究指明了新的方向，并结合八项风险管理的核心要素，给出针对性的税收执法风险防范措施，并提出了具体的优化方案。

李晓曼（2013）认为，税收风险受到诸多条件的制约，需要谨慎考虑外部环境，这些外部因素在一定程度上会使得不遵从行为发生概率增加。

谢永健（2014）认为，我国税收征纳双方存在一定信息不对称，而新技术的产生可以在一定程度上解决这些问题，从而利用信息化技术控制税收风险，以此加强税收管控。

杨丽静（2015）指出，不排除人为因素造成税源流失。除了受到外部环境的制约，更多的时候纳税人本身就具有减少经济利益流出的想法，导致国家税源流失。

刘磊等（2015）认为，我国税务部门在面临巨大挑战的同时，也应该考虑到环境变化的积极影响，如此才能抓住发展机遇，提高税收征管信息化水平，从而提高征税效率。

徐曼曼（2016）认为，税收风险是财政风险的一部分，税收问题影响财政问题，如果纳税人的申报纳税、涉税事项处理程序不规范，而税收征管部门又没能及时发现问题，那么就会造成一定的财政损失，从而产生较大的影响。

韩慧洁（2017）表示，税收执法风险主要是指由于税收征管人员在执法过程中处理问题不规范导致国家的经济利益流出，或者对纳税人造成的不公平现象，这也是目前税收征管的主要问题。

六、国内关于纳税服务的文献综述

自 1993 年纳税服务在我国第一次出现以来，理论界关于纳税服务的研究一直没有中断。其理论研究主要围绕以下四个方面展开。

（一）关于纳税服务的理论研究

田利华、陈晓东（2006）认为，纳税人的满意度同时受到两方面因素的影响。一方面需要考虑在纳税过程中的环境问题，另一方面则取决于政府工作人员的专业能力，这些共同构成了纳税人在纳税过程中的体验，决定了纳税人的满意程度。

罗伟平（2012）认为，税务机关应当更多地去寻求纳税人对于税务工作的支持，主动与纳税人取得联系，了解纳税人在纳税过程中的困难，才能更好地完成征税的工作。

管永昊、贺伊琦（2014）认为，为了强化纳税人的税法遵从度，提升纳税人的满意度，促进税收征管工作有序进行，应该开展以纳税人需求为导向的纳税服务方式。因此，税务部门开展相关工作，应建立在满足纳税人需求的基础上，这不仅有助于畅通征纳沟通渠道，将税收工作落实、做细，还有助于税务部门提升服务质效。

邓力平（2015）认为，在税务征管的工作中必须符合国家的有关规定，征税工作是政府工作中的重要组成部分，税务部门一定程度上代表了政府在纳税人中的形象，所以税务部门要本着为政府形象负责的态度，完成相关工作。

王梦婷、徐婧仪和管永昊（2018）表示，在互联网飞速发展的今天，税务工作完全可以借助互联网的优势，利用更为丰富的渠道为纳税人提供便利。除此之外，也可以利用互联网大数据辅助征税管理工作，让税务工作更加高效。

（二）关于纳税服务与税收执法、纳税遵从的关系

马国强（1999）认为，要促进纳税人依法纳税，需要构建并完善税收服务和监督系统，其中，税收服务应当涵盖信息服务、办税程序和权利保护等方面。基于税收遵从，他提出纳税服务是促进纳税人遵从的征管措施。

鲁兰桂等（2007）指出，依法治税是纳税服务的前提和基础，是依法治国方略和依法行政要求在税收领域的具体体现。纳税服务不能与依法治税相悖，纳税服务和税收执法二者之间存在相辅相成、相互促进的关系。

李培芝（2008）认为，纳税服务和依法治税有相辅相成的关系，纳税服务优化能够促使纳税人在熟悉税法的情况下做到自觉依法纳税，对依法治税起到一定的推动作用。

陈平路、邓保生（2011）通过多因素的实证分析，认为税务部门通过提供良好的纳税服务，对纳税人的心理会产生积极的影响，从而可以达到提高

遵从度的目的。

（三）关于纳税服务体系的构建

徐萍（2003）将流程再造理论、看板服务原理和无缝隙组织理论应用到纳税服务工作中，重新打造办税流程，通过推广即时服务、“一窗式服务”，降低纳税成本，提高纳税服务质量。

潘贤掌（2005）将新型纳税服务体系的内容界定在税收立法服务制度、宣传和咨询服务制度、纳税申报服务制度、办税服务制度和执法过程中的服务制度和法律救济制度等方面。结合自己的工作实际在分析纳税服务存在问题的基础上，就如何完善纳税服务体系提出了自己的看法。

匡程新（2012）借鉴麦肯锡 7-S 系统思维模型，从战略体系、组织体系、制度体系、业务体系、技术体系和保障体系等方面界定了纳税服务体系的构成，并就如何从纳税人权利保护视角促进各要素协调发展提出了自己的看法。

蓝春艳（2019）认为，新型纳税服务体系的构建必须树立全新的纳税服务理念，简洁方便的纳税服务平台和业务流程，以纳税人需求为基础进行的多样化服务是建立新型服务体系的基础。

（四）关于纳税服务工作的优化

安体富等（2006）从法律制度、机构设置、为纳税人服务机制和手段等方面，论述了美国、法国、澳大利亚、英国、韩国、新西兰和新加坡等发达国家纳税服务的经验，为我国纳税服务法律制度的建立和完善、组织机构的合理配置、纳税服务机制的健全提供了很好的借鉴。

赵迎春（2006）指出，西方经济管理理论对纳税服务的影响很大，认为现代公共管理理论为纳税服务提供了理论基础，税收遵从理论的产生为纳税服务划定了范围，在个性化纳税服务方面提供了依据，流程再造思想、“无缝隙组织”理论等现代企业管理理论为纳税服务质量的提高提供了新思路。

邵峰等（2010）介绍了国外纳税服务在服务理念、服务内容、信息技术应用等方面的经验，对我国纳税服务工作的开展有一定的借鉴意义。

吴锡昌（2019）指出，新时期，税务部门要做好纳税服务工作，必须遵循“纳税服务+税收执法=纳税遵从”的规律，做好加减乘除法。要结合纳税人所需，不断扩大服务范围，增加有效服务供给；要减除质劣效差、流于形式的纳税服务项目；加强横向合作，拓宽纳税服务广度；合理调配使用现有的纳税服务资源和力量，最大限度服务纳税人，以最大限度发挥纳税服务的整体效能。

饶立新（2020）认为，要落实习近平总书记关于信息化的重要论述，以党的领导为根本，强化纳税服务信息化统筹规划，以信息化为引领推进纳税服务业务和组织体系优化，以纳税人为中心打造一体化纳税服务平台，坚持底线思维，强化纳税服务信息安全管理，提升纳税服务信息化水平。

樊勇、李昊楠（2020）通过对全国税收调查数据进行分析论证，认为金税三期工程的实施优化了税收信息系统，提高了纳税遵从度，同时也提升了纳税服务质量，促进了税收优惠政策的落实。

通过对国内外关于纳税服务方面的文献进行梳理发现，国外纳税服务工作开展得较早，已经形成了比较成熟的符合本国国情的纳税服务体系，而我国纳税服务工作开始较晚，虽然关于纳税服务方面的研究很多，但是整体来看，系统性不强，还没有形成一套完整的理论体系；并且，由于纳税服务作为税收征管的一项基础性工作，在文献研究中发现，基层税务部门工作人员围绕如何优化纳税服务工作方面的探讨性文章较多，但是理论界对于纳税服务体系的构成尚未达成共识。因此，本书在借鉴国内外先进研究成果的基础上，结合我国国情，对便捷高效的纳税服务体系构建进行研究，希望能丰富我国的纳税服务理论体系，并对纳税服务实际工作起到一定的指导作用。

第三章
国际经验借鉴

分税制财政管理体制之所以被世界各国普遍采用，是因为它是一种目前为止比较理想的财权财力划分方式，它能够在保障相对稳定和独立等方面体现地方税体系的体制特征。

关于分税制设置的基本原则有：第一，在坚持事权与支出责任相匹配的基础上，按照税种划分中央和地方的各级预算收入；第二，根据职责相应设立中央税和地方税；第三，按照相互独立、相互配套的原则，设立中央税体系和地方税体系；第四，与中央税和地方税收入与支出相匹配，要建立相应的转移支付制度。

地方税体系的建设受制于地方税制的建设。在世界各国地方税制建设的实践中，由于受到政治、经济、法律、历史等诸多因素的影响，都存在着较大的差异。从集权与分权的不同程度来看，目前世界各国主要归属于三个类型：第一种是属于高度分权型，这种类型以美国为代表；第二种是属于高度集权型，这一类型以法国为代表；第三种是集权与分权适度结合型，这一类型以日本为代表。

第一节　美国地方税体系概况

一、美国的税权划分

美国是典型的地方分权型国家，联邦政府、州政府和地方政府各自都有独立的税收体系，州政府和地方政府不仅拥有独立的税收立法权，也拥有独立的税收征管权。与之相适应，各级政府拥有对本级地方税种设置与变更、税率调整以及税款征收等广泛的权力，各自形成自身体系，互不干涉，税权相对分散，形成了联邦税制与州税制并存且互相制约的格局。

根据1787年制定的《美利坚合众国宪法》规定，联邦政府有独立的税收立法权和税收征管权，同时，各州也保留原有的相应税收立法权和税收征管权，并且各州可以授予地方权力机关相应的税收征管权力。

税权的分散，使地方政府能够独立行使本级的税收立法权和税收管理权，主要体现在以下三个方面。

第一，三级税收立法权。联邦政府、州政府和地方政府三级议会，都可以在联邦宪法规定的职权范围内确定自己的税法制度，这就使得美国在统一的联邦税收制度下，还存在各自有差异的州以及地方税收制度，形成了三者并存的格局，其中，有关的法律法规要求联邦政府要对州和地方两级政府的税收权力进行监督制约，这方面的权力主要体现在，当州政府征税行为不合理时，联邦政府可以要求地方政府停止其权力的行使。同时，州政府也对地方政府的税收相关活动进行限制，这种限制主要体现在地方税的立法层面，如果地方税的立法超出了宪法和相关法律赋予的权力，那么州政府有权力对地方税种最高税率或税额以及增长幅度作出限制。

第二，地方政府的税收政策差异较大。地方政府的税收政策主要体现为州政府和地方政府两级。例如，在美国50个州中，有7个州并不课征个人所得税；即使在同一个州，税权也不尽统一，例如，在纽约州，纽约市政府要求课征个人所得税，而州内的其他小城镇则不进行课征；销售税是作为州政府税收的主要来源，平均占到州政府税收收入的30%以上，但具体到各州差异很大，有的州比重高达40%以上，而有的州却只占8%左右；同时，美国房地产税在全国各地的税率差别较大，而且估价的方法也不尽相同。

第三，三级政府各自配套税务征管机构，征管方式各具特色。联邦政府财政部内会设置国内收入局，它的机构分布在全美国各地，负责征收联邦税收，而各个州、各个城镇、各个市（区）等地方政府也有自己的征管机构，负责征收本级政府的税收收入，这样，一个纳税人可能在一天同时会向几个税务机关申报纳税。同时，各州的征管方式也不尽相同，有些地方政府会委托美国联邦税务局国内收入局代征个人所得税，有些由州税务局代征地方的个人所得税和公司所得税，有些则由地方政府自己设置的税务机构课征。

二、美国地方税体系中的税种设置

美国实行高度分权的税制体系，中央税和地方税分权比较彻底，三级政府都有自己固定的税种，即分别征收联邦税、州税和地方税，不设置共享税。由于没有共享税，联邦政府、州政府和地方政府的收入关系主要是通过“税源共享、分率计征”方式实现的。

在三级政府税制体系中，联邦政府税种主要包括公司所得税、个人所得税、赠与税、遗产税和关税等，州政府税种主要包括公司所得税、个人所得税、社会保险税、销售税以及国内消费税，地方政府税种主要包括财产税、地方销售和使用税以及所得税。

（一）美国的州税结构

（1）销售税。销售税是美国州和地方政府的主要税收收入来源，在美国，有 45 个州和哥伦比亚特区开征了销售税。从 20 世纪 30 年代开始，作为州级政府税收的主要来源，该税种主要体现在美国各州和地方政府对各类商品和劳务按照销售价格的一定比例课征。

（2）州所得税。在美国地方税收体系中，目前已有 45 个州和哥伦比亚特区实行了公司所得税，有 40 个州和哥伦比亚特区实行了普遍的个人所得税，两税始于 1911 年的威斯康星州。在所得税中，州政府实行的税率要比联邦税率低很多，但是个人豁免各不相同，州个人所得税税率等级比较少，而且税率级次幅度较大。

（3）州遗产税和赠与税。美国遗产税是以去世者的遗产作为课税对象征收的一种税，该税起征点比较高，而且按照物价指数进行浮动，赠与税则是对财产所有人就其生前的赠与行为课征的一种税，其纳税人是财产的捐赠者，而不是财产的受赠者。在1916年美国联邦政府开征遗产税以前，各州实际上就已经开征了继承税。在1976年以前，由于赠与税和遗产税分别使用不同的税率，而且赠与税的税负仅为遗产税的75%，这就使得很多人通过生前赠与的方式来逃避遗产税的负担，为此，1976年，美国《联邦税收改革法案》将两税合二为一，使用统一的累进税率。

（4）资源枯竭税。资源枯竭税是对石油、天然气以及其他矿产品开征的一种税。在美国，虽然有一半以上的州政府征收该税，但是这种税在美国州级税收体系中所占的比重并不重要。

（二）美国州以下地方税结构

（1）财产税。财产税是州和州以下政府对在美国境内拥有的房地产等不动产和动产，就其财产的拥有者（包括法人和自然人）征收的一种税。财产税一直都是美国地方政府主要的税收来源，由于对不动产征税会对土地的价格和使用产生重大影响，为了缓解低收入者的财产税负担，美国有32个州和哥伦比亚特区，准许在计算个人所得税时，将低收入者的财产税作为抵免扣除，如果当年抵免不完，可以用现金予以返还。

（2）销售税等非财产税。销售税作为美国地方政府税收收入最多的非财产税，有29个州、6700多个地方政府开征了地方销售税，有11个州征收地方所得税或者工薪税。而只有艾奥瓦州、马里兰州、肯塔基州、印第安纳州、密歇根州、俄亥俄州以及宾夕法尼亚州实行同时征收销售税和所得税。

三、美国地方税的税收收入

2014~2016年美国联邦及以下政府税收收入情况见表3-1。

表 3－1　　2014～2016 年美国联邦及以下政府税收收入

年份	联邦政府税收占总税收比例（%）	联邦以下政府税收占总税收比例（%）	联邦政府税收（亿美元）	总税收（亿美元）
2014	55.58	44.42	19170.00	34490.00
2015	56.18	43.82	20370.00	36260.00
2016	55.39	44.61	20290.00	36630.00

资料来源：《IMF 财政统计年报 2017》（*IMF Government Finance Statistics Yearbook* 2017）。

1990～2017 年主要变化年份美国联邦以下政府税收收入情况见表 3－2。

表 3－2　　1990～2017 年主要变化年份美国联邦及以下政府税收收入

年份	联邦政府税收占总税收比例（%）	联邦以下政府税收占总税收比例（%）	联邦政府税收（亿美元）	总税收（亿美元）
1990	40.72	59.28	6322.0	15524.0
2000	45.39	54.61	13166.0	29005.0
2010	36.64	63.36	12887.0	35171.0
2016	42.43	57.57	20545.0	48419.0
2017	44.54	55.46	23281.0	52273.0

资料来源：《OECD 收入数据统计 2019》（*OECD Revenue Statistics* 2019）。

1990～2017 年主要变化年份美国联邦以下政府税收分类情况见表 3－3。

表 3－3　　1990～2017 主要变化年份美国联邦以下政府税收分类情况　　单位：%

年份	占州政府税收比例				
	对收入和利润征税	对工资和劳务征税	财产税	对商品和服务征税	其他
1990	38.81	0.00	3.94	57.25	0.00
2000	42.18	0.00	4.00	53.82	0.00
2010	38.60	0.32	3.19	57.89	0.00
2016	41.81	0.20	3.35	54.64	0.00
2017	41.56	0.22	3.34	54.88	0.00
年份	占地方政府税收比例				
	对收入和利润征税	对工资和劳务征税	财产税	对商品和服务征税	其他
1990	5.57	0.00	74.25	20.18	0.00
2000	6.12	0.00	70.66	23.22	0.00

续表

年份	占地方政府税收比例				
	对收入和利润征税	对工资和劳务征税	财产税	对商品和服务征税	其他
2010	5.53	0.00	74.13	20.33	0.00
2016	5.81	0.00	71.97	22.22	0.00
2017	5.78	0.00	72.00	22.22	0.00

资料来源：《OECD 收入数据统计 2019》（*OECD Revenue Statistics* 2019）。

在美国，州政府与地方政府的税收占总税收的比重为50%左右，与中央税地位基本持平。州政府主要收入来源于对商品和服务征税及对收入和利润征税，具体以销售税、总收入税为主，辅之以个人所得税、公司所得税、消费税、遗产税以及其他税种，这种税直接对工商企业的商品或劳务的生产和销售流转额征收，其优点是州政府可用较低的名义税率和保证费用得到大量收入，征管效率较高，为州政府提供了稳定的税源。而地方政府的主要收入来源是财产税，由于固定资产作为一种相当长远的资本投资形式，因而能成为地方政府一个丰富的税源，财产税在地方政府收入中的比重达70%以上。

四、美国地方税体系的管理措施

（一）完善的税收征管机构

美国联邦、州和地方三级政府都设有自己的税收征收管理机构。其中，联邦政府的税收征收管理机构主要是国税局和海关总署，国税局负责联邦政府除关税以外的所有税收事务，海关总署专门负责关税事务。总部下设4类机构：一是负责税收管理现代化项目的，分别设信息技术服务中心和业务体系现代化办公室；二是服务共享类的，设有内部服务共享中心；三是功能性的，设有法律顾问办公室、上诉办公室、通联局、纳税人服务局、刑事犯罪调查局；四是业务操作部门，设有工资与投资收益局、小企业和自雇业主局、大中型企业局、免税单位与政府单位局。在纵向层次上，以方便纳税人为原则，根据业务的不同，设立不同的管理层次：一是以内部服务为主的单位，如信息中心，服务共享中心等，这些机构只实行总部的一级管理；二是四大业务部门，实行一级多层次管理，总部设 4 个业务局；三是大中型企业局按行业下设分局，分局在一些地方还有派驻机构，另外 3 个业务局按功能分设纳税人教育、纳税人财务服务、税法遵从 3 个部门，每个部门在不同地区又设地区办公室、工作小组；四是法律顾问和法律上诉部门，分别向 4 个业务局派出机构，派出机构又根据工作量在 4 个业务局的地区办公室派驻专门小组；五是纳税人服务局，设有 7 个大区办公室，在 4 个业务局派驻 3 个分局，另外还有 74 个小区办公室（每个州至少一个）。

（二）快捷高效的税务登记制度

快捷高效的税务登记制度是美国地方税收征收管理的重要特色之一。在美国，就个人涉税信息而言，只要孩子满一周岁，就可以申请办理社会安全及信用编码，由联邦政府录入微机，本人终身享用该编码，既可以用于银行开户、社会保险，也可以作为招聘任职、纳税申报等依据。对于公司或合伙企业的成立，政府也将给予一个相应的编码。由于微机联网，那么税务机关对纳税人的所得收入、利息收入、账务清偿、出售资产，以及养老金交付等信息可以随时通过联网查询，这对于核对纳税人纳税申报是否真实有着重要意义。

第二节　法国地方税体系概况

一、法国的税权划分

法国的税收征管体制属于中央集权型，无论是税收的立法权还是税收的管理权，都主要集中于中央，地方只能按照国家的法律政策执行，于是形成了以中央政府为集中财力主要机构的格局。

由于法国税收的立法权和征管权都高度集中在中央层级，所以无论是中央税还是地方税的立法权及其主要政策，都要由中央政府统一来制定，有关具体的税收条例、法令和实施办法则由财政部负责制定，地方政府只能够按照国家的有关税收政策法律制度执行，但是地方也有一定的机动权力。

法国在 2003 年修订宪法时规定，依照法律法规有关规定的条件，每一个行政区域可以选出议会实行自主管理，并且要为其管理行使其职权，拥有有关条例制定权的行政区域，可以享有依照法律法规条件自由支配的收入。对于每一个行政区域，有关的税收收入和其他相关收入都代表着其全部收入的决定性的一部分，因此，法国承认行政区域具有条例制定权，同时也对地方政府的税收立法作出了相关规定，使地方政府的税收立法权具备了宪法依据。

由于法国地方政府没有税收立法权，所以为了有利于市场经济的发展，法国中央政府制定了一系列税收法律法规，对税收制度相关的税种、税基、税率、税额计算、减免以及相关的申报、检查差错纠正、违法惩处，以及税务纠纷处理等都作了明确的规定，地方各级政府必须按照国家的有关税收政策法令执行。但地方政府也对一些税法具有机动权，比如地方有某些地方税的税率调整权和一定的减免权，以及地方税种开征的税权。

二、法国地方税体系中的税种设置

法国虽然税收立法权集中在中央，但是在税收资金使用权限上，也分为中央税和地方税，而且将税种全部固定化，分为中央固定税和地方固定税，没有中央地方共享税，所以在法国的税收体系当中，以中央税为主，地方税为辅。地方税所占的比重比较低。目前，法国的税制比较复杂，一共有 50 多个税种，其中主要的税种有十几个，包括公司所得税、个人所得税、增值税、消费税、关税、登记税、公司财产税、个人财产税、社会税、工薪税、培训税、印花税、已开发土地税、未开发土地税、居住税、营业税等，也包括一系列附加税。

目前，法国中央税主要以公司所得税、个人所得税、增值税、消费税、关税等组成，作为地方税体系的只是一些具有零星收入的分散的税种，包括直接税和间接税两种类型，其中，直接税主要包括房屋建筑地产税、非房屋建筑地产税、动产税和营业税，间接税主要包括饮料销售税、娱乐税、演出税、通行税、居住税等，另外，开征增值税附加和一些特定行为目的税，富有地方特色，如广告税等。

法国各级政府严格按照税种进行划分各级次的税收收入，形成了严格的中央税体系和地方税体系。

三、法国地方税的税收收入

2014～2016年法国地方税税收情况见表3－4。

表3－4　　2014～2016年法国地方税税收情况

年份	各税收入及占地方税收总额的比重								地方税占税收收入总额的比重（%）	地方税总收入（亿欧元）	总税收（亿欧元）
	对工资、劳动力征税		财产税		对商品、劳务征税		国际贸易税收				
	金额（亿欧元）	比重（%）	金额（亿欧元）	比重（%）	金额（亿欧元）	比重（%）	金额（亿欧元）	比重（%）			
2014	90	7.44	720	59.50	380	31.40	10	0.83	19.55	1210	6190
2015	90	7.26	740	59.68	410	33.06	10	0.81	19.56	1240	6340
2016	90	6.92	770	59.23	430	33.08	10	0.77	20.12	1300	6460

资料来源：《IMF财政统计年报2017》（*IMF Government Finance Statistics Yearbook* 2017）。

在法国的全国税收收入中，中央税收入占80%以上，而地方税收入不超过20%，体现了高度的中央集权。地方税分为直接税和间接税，直接税税基主要有收入、住房、财产，间接税主要是对商品或服务的交易或使用征收的税。法国的地方税收入中，直接税比重高达80%，其中地方最主要的税种为财产税，占地方税总收入的60%～70%，次之的为对商品、劳务所征的税，占地方税总收入的20%左右。

四、法国地方税收征管

（一）职能权限与机构总体设置

在法国，尽管在具体的征收管理上分为中央和地方两个税务系统，它们分别负责征收本级政府的税收收入，但是在具体的税务行政上，并不存在中央和地方两套税务机构，省和市镇两级的税务机构均属于中央经济与财政部的税务总局管理。法国只有国家税务总局，没有地方税务机构，各地征管均要服从中央统一领导，法国的经济与财政部在政府各部门当中属于第一大部，其重要职能是综合管理经济和财政，其地位和权限明显高于其他部门。经济与财政部在内部设立相关的 30 多个机构，主要包括税收立法司、税务总署、关税和间接税署、公共会计司等，它集中了法国政府大部分的监管权限，主要职责是预测、监督管理法国的经济与财政走势。

（二）经济与财政部的职能

根据法国宪法相关规定，无论是中央税还是地方税，凡是涉及税种的开征、税额的分配，以及税率的调整、税基的确定等，均由经济与财政部统一制定，并且以立法的形式予以颁布实施，税务总署则主要负责制定国家有关税收政策，以及税种的设置。

（三）税务总署的职能

税务总署内一般分为五个职能部门，包括税收立法处、人事与预算处、组织与计算机管理处、税务纠纷处等。

（四）公共会计司的职能

公共会计司下设的相关部门，主要包括对外处、国库处、公共会计局等；省以下设立财务局，市镇设立财务所。公共会计司除了负责制定有关财务会计制度、审计制度以外，还负责领导和管理公共会计的工作与监督，以及中央税、地方税款的缴纳汇总、调拨财政资金等。

（五）审计法院的职能

法国还设置独立的审计法院，它不受各级行政权力控制，负责审查政府各部门、国有企业以及公共机构的财务账目，由此可见，从税务到公共会计、国库收支，均处于双重监控之下。

（六）纳税申报、检查及其处理

法国有较为完备的纳税申报、纳税检查、税务审计，以及税务行政复议和诉讼制度，其中，纳税申报制度是税收征收管理过程中一个重要的环节，长期以来，法国一直实行源泉扣缴和自行申报相结合的纳税申报制度。

为了防止纳税人有偷逃税款的行为，法国税务部门在全国范围内设立了庞大的税务信息监管系统，无论是纳税人从事就业、经营活动，还是组织收入、财产以及纳税申报，税务机关相关人员都拥有法律授予的知情权、审核权、调查权与纠正权，在纳税检查时，法国各级税务机关作为一项经常性的活动，针对纳税人检查出来的问题，由一般税务稽查人员通知纳税人补交税款或者纠正错误，如果对纳税人作出处罚的，应报上级税务稽查机构进行审批。

依法纳税和严格税务审计是法国税务征管的重要基础，在法国，法律可以赋予税务机关很大的税务检查权和执行权，税务征管工作已经实行了税务现代化、网络化。它将该国的税务计征工作和监管工作作为行之有效的手段，税务机关对不同的纳税人在不同时期、不同地点所获得的收入及不同的应税项目都记录在案，随时检查。

第三节　日本地方税体系概况

从国家体制上看，日本是一个中央集权型的单一制国家，分为中央政府、都道府县和市町村三级，那么，其税收也就相应地分为中央、都道府县和市町村三级管理体制。

一、日本地方税体系中的税权设置

日本地方税体系中的管理体制属于适度分权型，在税收立法权归于中央的前提下，赋予地方一定的税收衍生权。日本税法由国会来制定，内阁依据税收法律而制定政令，都道府县和市町村等各级地方政府要根据政令来制定各种条例。

（一）地方政府开征税种的权力

从总体上说，日本的税收立法权归于国会，各种税法都要经国会批准，地方有独立管理地方税种的权力，但要受制于国家制定的《地方税法》限制，地方政府在征税的过程中，原则上只限于《地方税法》中所列的法定税种。当地方财政出现收不抵支的情况时，也可以在法定税种之外开设一些普通税，但是税种的开征和调整，必须经过地方议会审批通过，并获得中央政府的批准。

（二）地方税税率设定的权力

地方税的大部分税种都实行标准税率，由地方税法规定，但对一些特定的税种，如都道府县中的事业税、汽车税，市町村中有关的固定资产税等，都规定了税率的上限。一些地方税种由全国统一规定法定税率，地方不能够擅自变更，这些税种包括车辆购置税、煤气税、事业所得税等。此外，地方税种中，还有一些税种，法律上不规定其税率，由地方自行决定，如法定税种以外的普通税。

二、日本地方税体系中的税种设置

日本属于集权与适度分权相结合的分税制管理类型。与之相适应，在税收体系建设中形成了中央税（也称为“国税”）体系和地方税体系，在税种划分方面，坚持以事权划分为基础、以收益原则为依据，地方税收体系中的税种一般由地方专享为主，中央共享为辅。日本的现有税种中，绝大部分税种都明确划分为中央税或地方税，只有消费税明确列为中央地方共享税。另外，还有个别税种在中央和地方政府之间实行同源共享。

目前，日本的中央税体系主要由消费税、流通税、所得税、财产税四大类共计26个税种构成，而地方税体系则由都道府县相关税收和市町村相关税收组成，其中都道府县涉及的税种主要由居民税、事业税、不动产税、车辆购置税、娱乐税等15个税种组成，市町村涉及的税种主要包括居民税、固定资产税、市町村烟草税、特别土地保有税以及事业所得税等17个税种组成。

在日本的地方税体系中，大多属于零星小税种，但是主体税种非常明确，每一级政府都以两种税作为主体税种。例如，都道府县税收收入以事业税和居民税为主，事业税一般占到都道府县税收收入总额的30%左右，而市町村税收收入则以居民税和固定资产税为主，这两种税分别占到市町村税收收入总额的40%左右。

三、日本地方税的税收收入

1995～2018年主要对比年份日本地方税税收情况见表3－5。

表3－5　　1995～2018年主要对比年份日本地方税税收情况

年份	道府县税（亿日元）	市町村税（亿日元）	地方税总额（亿日元）	国税额（亿日元）	总税额（亿日元）	地方税占总税收比重（%）
1995	13909	19766	33675	54963	88638	37.99
2000	15585	19961	35546	52721	88267	40.27
2005	15227	19577	34804	52291	87095	39.96
2009	14655	20528	35183	40243	75426	46.65
2010	14026	20290	34316	43707	78023	43.98

续表

年份	道府县税（亿日元）	市町村税（亿日元）	地方税总额（亿日元）	国税额（亿日元）	总税额（亿日元）	地方税占总税收比重（%）
2013	16809	18565	35374	51227	86601	40.85
2014	17794	18991	36785	57849	94634	38.87
2015	20143	18956	39099	59969	99068	39.47
2016	20251	19141	39392	58956	98348	40.05
2017			39583	61309	100892	39.23
2018			40307	62843	103150	39.08

资料来源：《日本统计年鉴 2020》。

在日本，地方税收入占总税收收入的40%左右，而且其地方税收入有稳定的来源，主体税种明确，都道府县税收收入主要来源于事业税和居民税，事业税占都道府县税收收入的30%左右，所占比例逐年增长，居民税占都道府县税收收入的20%左右，且呈递减的状态；市町村税收来源以居民税和固定资产税为主，居民税和固定资产税各占市町村税收收入的40%左右，且较为稳定。

四、日本地方税体系的征收管理

（一）日本税务机构的总体设置

与适度分权的税制管理体制相配套，日本的税务机构也分为国税征收机构和地税征收机构，负责税收的征收管理工作，其中，日本的国税有关的税收政策和征收管理归大藏省负责，其国税征收机构一般分为两个层次：第一个层次是国税的政策机构，这一机构负责国内税收有关规划的制定、调查以及法律、法令、政令、省令等政策的立案工作，该机构下属职能部门主要有国税厅和海关关税局；第二个层次是国税的征收机关，负责税款的计征、划分、报解等工作，该机构下属的职能部门包括大藏省的主税局和关税局。

（二）日本地方税务机构的设置

在日本，涉及地方税收体系中的税收政策和征收管理工作，一般由自治省以及地方政府负责。其中，自治省作为管理地方行政事务的中央政府机构，其内设税务局，具体负责地方税的税收政策以及地方税征收管理的指导监督工作，具体职能事项包括：有关地方税收的法案的规划、调查和起草，法定外地方税的审批，固定资产折旧的认定与评估，跨地区地方征税权的归属认定，以及国税与地税关系的协调等。

（三）日本地方税的纳税申报制度

申报纳税是日本主要的税款征收管理方式，实行申报纳税的税种主要包括法人税、消费税和个人所得税等，这些税种原则上以纳税人提交的纳税申报表作为计征应纳税额的依据。如果纳税人进行纳税申报的金额与税务署有关的调查不相符合，或者应该申报的没有进行申报，则由税务部门进行必要的调整处理，除了补征税款以外，还要征收相应的滞纳金和加算税。

（四）日本税务代理制度

日本独具特色的地方税收征管制度之一就是税理士制度。税理士资格的取得实行通过考试登记制度，税理士制度不仅可以帮助纳税人完成相关的纳税义务，还有助于申报纳税等制度的平稳运行。日本的税理士制度的主要工作内容，是依照纳税人的委托制作与所得税、法人税、营业税等相关的税务部门提出的必要文件，以及其他相关的税务咨询等代理事务，主要包括：一是税务文书的代写；二是代理会计核算业务；三是相关税务业务咨询；四是兼顾企业税收顾问；五是参与税务机关相关税务调查；六是从事除税务会计以外的其他相关业务。

第四节　地方税体系国际经验的借鉴

通过对美国、法国、日本这些分税制国家的地方税收体系进行比较研究，我们可以得到的启示是：每个国家建立什么样的地方税体系，应与本国实际国情相结合，所采取的模式到底是集权式还是分权式，取决于本国的经济状况、政治传统和地理位置等因素。

一、赋予地方一定的税收立法权

为了充分调动中央与地方，以及地方各级政府发挥各自职能的积极性，稳定各级政府间的财权财力分配关系，应在保障中央政府居于主导地位的前提下，给予地方政府适度的税收立法权，当然，这种立法权，可能是关于地方税种，也可能是关于地方税收征收管理，还可能是在中央确定具体税种的基础上赋予地方税率调整或税收减免。

新中国成立以后，我国采取的是高度集中的税权管理体制，所有税种的立法权均归于中央，仅对一些无关紧要的小税种的开征停征权、税率调整权、税基确定权留给了地方，例如，2001 年以后，屠宰税、固定资产投资方向调节税等开征停征权下放给地方，由于这些税种已经不适宜开征，各地很快就都停止了征收，在契税、城镇土地使用税等税种中，只给予地方在法定税率的基础上微量的调整权，在房产税中，允许地方可以按照房产原值的 10% ~ 30% 的幅度范围内确定税基。过于集中的立法权，虽然有利于贯彻中央政府的宏观决策意图，形成全国一盘棋的优势，但是，也在一定程度上影响了地方政府行使职责的积极性，抑制了地方税调控经济、监督管理职能的发挥。

二、确立稳定的地方税体系

在地方税体系的划分方法上，目前主要有以下三种方式。

（1）税种划分较为彻底的方式。该方式是从税基上就彻底划清中央税与地方税的界限，中央和地方税务机关各自征收自己的税收，互不干涉。法国采取的就是比较典型的税种划分较为彻底的方式。

（2）含有共享税的税种划分方式。该方式就是将部分税种划分为中央税和地方税之后，再专门设置中央地方共享税，这些共享税可以在中央与地方政府之间按照一定比例进行分成，其具体办法又分为分征式、返还式和附加式。

（3）税率分享的划分方式。该方式是指在中央与地方政府之间对同一税源进行划分，中央与地方各自占有不同的比重。它既不同于按税种划分方式，也不同于按照共享税进行分配的模式，其特点在于：同一税源在上下级政府之间的关联度较大，以避免本级政府只注重本级收入而忽视上级或下级对同一税源征缴的收入。美国采取的是比较典型的税率分享式划分方式。

一个国家无论采取上述哪种体系划分方式，一般都要遵守以下原则：一是要考虑税收征管效率；二是要考虑税基的范围和税源的流动性；三是要考虑税收的聚财功能和经济调控功能。

基于以上原则，我国在“营改增”后，地方税体系面临失去主体税种的情况下，应该在保持原有中央税、地方税、中央地方共享税的模式下，进一步深化税制改革，增加共享税的成分，挖掘能够作为地方税主体税种的新税源。正如《中共中央关于制定国民经济和社会发展第十四个五年规划和二〇三五年远景目标的建议》里提出部分税收改革愿景一样，将消费税部分征收环节后移，为增加地方税收入构建税制改革框架，将房地产税法适时出台，为增加地方税源做好顶层设计。

三、地方应具备与其职责相匹配的税收收入规模

国与国之间的地方税收入规模存在较大的差异，主要因为各国经济发展水平不一样，各国税基不一致，必然导致地方税收入规模的不同。同时，政体的不同导致各国财政体制的差异，不同的财政体制下财税集中程度不同。地方税收入规模大小与地方税管理体制密切相关，地方税制建设的必然结果之一，就是从全国税源总额中剥离出相对稳定的地方税收入。

尽管美、法、日三国采取的分税制形式不同，但是，都有一个共同特点，从地方税收占比来看，一般在20%～40%，在中央和地方的地位上看，地方

税收居于从属或辅助地位。

地方税收收入占比呈现三个特性：一是经济规模与结构决定地方税收总量与占比。经济总量较大，相应的，要求地方提供公共产品较多的时候，地方税收占比就相对较高，第三产业发达，高附加值的行业较多，地方来自直接税的比重相对较大。二是财政体制决定地方税收占比。通过前三节内容分析可以看出，属于集权性或相对集权的国家，地方税占比就偏低，如法国基本在 18% 左右，而属于分权型或侧重于分权型的国家，地方税占比相对较高，如日本为 40%，美国则高达 46%。三是地方税收占比呈现波动性。无论哪个国家，由于不同时期，国家面临的经济政治等形势不同，赋予地方的职责会有所调整，所以，地方税的占比不是一成不变的，不同年份会有所变动。

我国在过去很长一段时间里，地方财力与职责的匹配，大部分是靠一般转移支付、专项转移支付和体制转移支付等方式实现的，在税收征解入库环节的财力分配中，地方占有的比重较小，上解的比例较大。随着国家政策的调整和地方税体系的建立，应适度提高地方税收初次入库的占比。

第四章
以直接税为主体的地方税体系建设

继党的十八届三中全会提出“要完善地方税体系，逐步提高直接税占税收收入的比重”以后，党的十九大报告中有关于税制改革的论述，强调要“深化税收制度改革，健全地方税体系”，进一步为我国推进税制改革指明了方向。2020 年 5 月 11 日，中共中央、国务院发布了《关于新时代加快完善社会主义市场经济体制的意见》（以下简称《意见》），对于税制改革有了更加明确的目标，《意见》指出，“深化税收制度改革，完善直接税制度并逐步提高其比重。稳妥推进房地产税立法。健全地方税体系，调整完善地方税税制，培育壮大地方税税源，稳步扩大地方税管理权”[①]，同时，在《中共中央关于制定国民经济和社会发展第十四个五年规划和二〇三五年远景目标的建议》中，具体确定了下一步税制改革的内容，包括“完善现代税收制度，健全地方税、直接税体系，优化税制结构，适当提高直接税比重，深化税收征管制度改革”等几个重要方面[②]。

上述政策是对新时代税制改革目标、方向、任务和举措进行的系统设计，为在更高起点、更高层次、更高目标上推进税制改革提供了行动指南。由此

---

① 中共中央 国务院关于新时代加快完善社会主义市场经济体制的意见［EB/OL］．中华人民共和国中央人民政府网，http：//www. gov. cn/zhengce/2020 - 05/18/content_5512696. htm.

② 中共中央关于制定国民经济和社会发展第十四个五年规划和二〇三五年远景目标的建议［EB/OL］．中华人民共和国中央人民政府网，http：//www. gov. cn/zhengce/2020 - 11/03/content_5556991. htm.

可见，健全地方税体系，调整完善地方税制已经成为当前税制改革的重中之重，同时，由于以所得税和财产税为代表的直接税，其税负不易转嫁，具有更强的调节收入和稳定经济的功能。因此，构建以直接税为特质的地方税制体系就显得尤为重要。

第一节　我国地方直接税体系建设现状

地方税体系建设离不开税收制度建设（简称“税制建设”），因此，我国的地方税制建设决定了我国地方税体系的架构。

目前，我国地方财政收入主要包括地方本级固定收入和中央转移性收入。在地方本级固定收入中，地方税收收入是主要来源。因此，地方税制度建设直接决定着地方财力保障程度，税种的构成又是地方税制建设的核心内容，而地方直接税收入在地方税收收入中所占比重的高低反映出地方直接税在地方税体系中的地位，地方直接税收入占地方财政支出的比重反映出地方直接税在保障地方经济运行中的作用。

一、我国地方直接税税制建设情况

我国的地方税制形成于1994年的分税制改革，地方直接税制是地方税制的一部分。现行地方直接税的8个税种中，企业所得税、个人所得税、契税、车船税和环境保护税是由全国人大常委会以税收法律的形式制定、颁布的，房产税、城镇土地使用税和印花税均为全国人大授权国务院制定的暂行条例（见表4－1）。在过去的20多年中，不管是从立法层面，还是要素层面，地方直接税制都进行过较大调整。另外，从税收征管来看，2018年以前，中央税和中央地方共享税由原来的国家税务局负责征收，地方税由原地方税务局负责征收，2018年，按照国务院机构改革方案“改革国税地税征管体制。将省级和省级以下国税地税机构合并，具体承担所辖区域内的各项税收、非税收入征管等职责”。国地税合并以后，税收征管权实现了统一，各项税收均统一由税务部门征收。从税收收入的归属来看，目前仍然是按照分税制的要求，中央税和地方税收入分别纳入中央财政和地方财政，共享税在中央和地方财政之间进行分成。

表 4－1　　　　我国现行地方直接税立法情况

性质	税种	法律法规分类	立法机关	实施（修订）时间
地方税	房产税	授权立法	全国人大授权国务院	1986 年 10 月 1 日
	城镇土地使用税	授权立法	全国人大授权国务院	2006 年 12 月修改并颁布，2013 年 12 月修订
	车船税	税收法律	全国人大常委会	2012 年 1 月 1 日
	环境保护税	税收法律	全国人大常委会	2018 年 1 月 1 日
	契税	税收法律	全国人大常委会	2021 年 9 月 1 日
共享税	企业所得税	税收法律	全国人大常委会	2008 年 1 月 1 日
	个人所得税	税收法律	全国人大常委会	2019 年 1 月 1 日
	印花税	授权立法	全国人大授权国务院	1988 年 10 月 1 日

二、我国地方直接税税收收入对地方基本财力的保障程度

党的十八届三中全会以来，随着我国现代财政制度改革的推进，国家对于税收体制尤其是地方税收体系和体制的改革不断深化，地方直接税税收收入也不断增加，由 2014 年的 21058.46 万元增加到 2019 年的 31926.2 万元，平均年度增幅达到 10% 以上（见表 4－2）。

表 4－2　　　　2014～2019 年我国地方直接税收入构成　　　　单位：万元

税种	2014 年	2015 年	2016 年	2017 年	2018 年	2019 年
地方财政企业所得税	8828.64	9493.79	10135.58	11694.50	13081.60	14920
地方财政个人所得税	2950.58	3446.75	4034.92	4785.64	5547.55	4155.20
房产税	1851.64	2050.90	2220.91	2604.33	2888.56	2988
城镇土地使用税	1992.62	2142.04	2255.74	2360.55	2387.60	2195
契税	4000.70	3898.55	4300	4910.42	5729.94	6213

续表

税种	2014 年	2015 年	2016 年	2017 年	2018 年	2019 年
地方财政印花税	893.12	965.29	958.82	1137.89	1222.48	1234
车船税	541.06	613.29	682.68	773.59	831.19	—
环境保护税	—	—	—	—	151	221
合　计	21058.46	22610.61	24588.65	28266.92	31839.92	31926.20

资料来源：根据 2014 ~ 2019 年《中国统计年鉴》数据整理分析得出。

不仅地方税收规模有了较大幅度的提高，从直接税与间接税的占比上看，在税收结构上也有了较大变化。近年来，国家为促进小微企业的发展，多次下调增值税税率，减轻企业税负。间接税收入的减少，相应地提高了直接税在税收收入中的比例，地方直接税也不例外。地方直接税收入占地方税收收入比重由 2014 年的 35.60% 提高到 2019 年的 50.54%，平均占 40% 左右，尤其是 2019 年由于政府间接税减税力度加大，地方直接税占比达到 50.54%（见表 4 - 3），可以说地方直接税在保障地方基本财力方面发挥着重要作用。

表 4 - 3　　2014 ~ 2019 年我国地方直接税收入相关指标

项目	2014 年	2015 年	2016 年	2017 年	2018 年	2019 年	平均
全国财政收入（万元）	140370.03	152269.23	159604.97	172592.77	183359.84	190382.23	166429.85
地方财政支出（万元）	129215.49	150335.62	160351.36	173228.34	188196.32	203758.87	167514.33
地方财政收入（万元）	75876.58	83002.04	87239.35	91469.41	97903.38	101076.82	89427.93
地方税收收入（万元）	59139.91	62661.93	64691.69	68672.72	75954.79	63168.8	65714.97
地方直接税收收入（万元）	21058.46	22610.61	24588.65	28266.92	31839.92	31926.2	26715.13
地方直接税收入占地方税收收入比重（%）	35.60	36.08	38.00	41.16	41.92	50.54	40.55

续表

项目	2014 年	2015 年	2016 年	2017 年	2018 年	2019 年	平均
地方直接税收入占地方财政支出比重（%）	16.30	15.04	15.33	16.30	16.90	15.67	15.92
地方税收收入占地方财政支出比重（%）	45.77	41.68	40.34	39.64	40.36	31.00	39.80

资料来源：根据 2014 ~ 2019 年《中国统计年鉴》数据整理分析得出。

三、地方直接税收入在地方财政支出中的作用

虽然地方直接税收入占地方税收收入比重增长较快，但是，地方税收收入作为地方财政支出主要来源的地位却不断减弱（见图 4 – 1），由 2014 年的 45.77% 下降为 2019 年的 31%，降低了 14 个百分点（见表 4 – 3），并且地方直接税收入占地方财政支出比重一直在 16% 左右，如果去掉 9 个百分点的企业所得税和个人所得税分成收入，房产税等六税合计还不到地方财政支出的

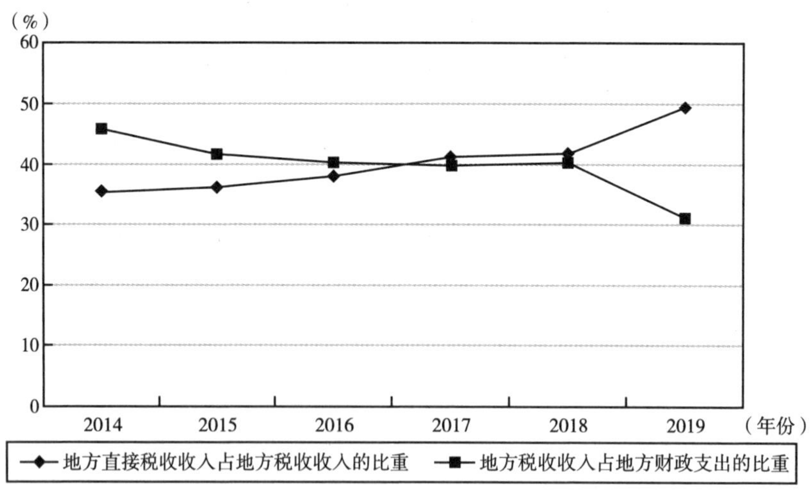

图 4 – 1　2014 ~ 2019 年地方税收收入占地方财政支出的比重

资料来源：根据表 4 – 3 数据分析绘制。

6%（见图4－2）。以2019年为例，当年地方直接税收入为31926.2万元，而同期地方财政支出为203758.87万元，只相当于同期地方财政支出的15.67%（见表4－3）。地方财力的不足，说明地方财政支出对中央的转移支付有很强的依赖，短期内仍然难以化解结构性矛盾。因此，无论从地方直接税与当年地方财政支出的占比分析，还是从地方直接税对地方财力的保障程度分析，都应该进一步加强地方直接税的地位，通过改革明确主体税，完善相关税制，增强地方直接税在地方经济中的作用。

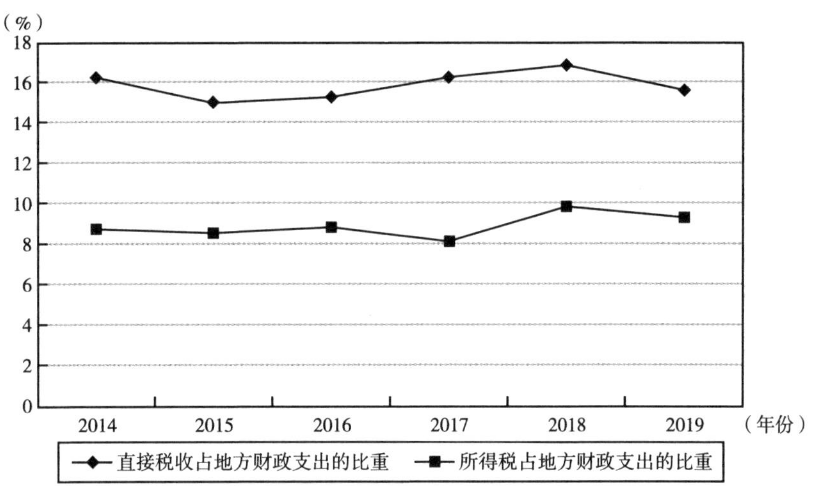

图4－2　2014～2019年直接税收入占地方财政支出的比重

资料来源：根据表4－3的数据分析绘制。

第二节　现行地方直接税体系存在的问题

一、在立法层面，地方直接税法律法规有待完善

（一）地方直接税未落实税收法定原则，立法层次较低

税收法定原则又称为税收法定主义，是指国家征税必须要以法律形式规

定下来，没有法律依据，公民有权利拒绝缴纳。税法是规范税收征收行为，保护纳税人权益，实现税收公平正义的法律保障，税收法定原则已成为各国建立现代税收制度的通行原则。在我国，“落实税收法定原则”是在党的十八届三中全会通过的《中共中央关于全面深化改革若干重大问题的决定》中提出来的，该原则的提出彰显了中央坚持依法治国、建设法治中国的决心。然而，要想让制度落到实处还有很长的路要走，我国现行18个税种中，由全国人大以税收法律形式颁布、已经实现税收法定的税种仅有11个（见表4－4）。从我国现行地方直接税8个税种来看，目前仅有契税、车船税和环境保护税3个税种已经实现税收法定，个人所得税法和企业所得税法虽然也属于法律范畴，但这两个税种都属于中央和地方共享税；而其余3个税种中，国务院常务会议已通过印花税法草案，虽然房地产税立法在几年前已明确，但进展十分缓慢，目前仍然是处于试点阶段，致使保有环节房产税难以推进。也就是说，现行地方直接税8个税种当中，即便包括和地方收入有关的两个所得税，以税收法律形式颁布的也仅占一半。这些直接税不同于间接税可以转嫁税负，它的征收会增加纳税人的负担，若想提高地方直接税比重，加大地方直接税征管力度，必须有法律这个尚方宝剑，否则，必然会引起纳税人的不满和质疑，

表4－4　　我国现行实现税收法定的税种

性质	税种	实施时间
中央税	船舶吨税	2018年7月1日
	车辆购置税	2019年7月1日
地方税	车船税	2012年1月1日
	环境保护税	2018年1月1日
	耕地占用税	2019年9月1日
	烟叶税	2018年7月1日
	契税	2021年9月1日
中共地方共享税	企业所得税	2008年1月1日
	个人所得税	1980年9月10日通过，经过七次修正，新法于2019年1月1日实施
	资源税	2020年9月1日
	城市维护建设税	2021年9月1日

不利于地方直接税制度建设的推进和功能的发挥。毕竟政府是征税的直接受益者，由受益者来制定税收法律，不利于维护纳税人的合法权利，以及对税法实施的监督，也有损于法律的权威。因此，在推进地方直接税制度建设过程中，首先需要落实税收法定原则，解决好税收立法层次问题，让税收立法权重新回到全国人大及其常委会，这将直接影响我国地方直接税制度建设的进程。

（二）地方直接税立法高度集中，地方没有自主权

地方税制是指国家及地方政府制定的地方各税政策法令和征管办法的总称。它以确立地方事权、财权与支出责任为目标，是地方各税征收管理的行为规范和准则。也就是说，地方直接税相关法律，既可以由国家统一制定，也可以由地方根据本地实际情况因地制宜制定，我国宪法也允许地方政府在不违背宪法、法律法规的前提下制定地方性（税收）法规。但是，从目前我国实际情况来看，除海南省、民族自治地区和深圳特区有权制定地方性税收法规外，几乎所有地方直接税的立法均由中央负责。税收立法权集中在中央，对于合理配置资源，维护全国市场统一，保证正常的经济秩序，增强中央的宏观调控能力有积极的意义。但是，地方直接税立法权过于集中也存在一些弊端：第一，不利于地方政府因地制宜地调节地方经济。我国地域辽阔，各地的环境、气候、文化等发展条件有所不同，造成地区之间发展不平衡。全国范围内完全一致的税收制度，不完全适应区域发展的特殊性，不利于各地方政府运用税收政策杠杆因地制宜地调节地方经济，发挥税收调节经济的职能。第二，制约地方政府组织财政收入的积极性。或因无法可立、无法可依，失去本地域独有或零散的税源；在事权的客观需求下，地方政府还可能会出现越权行为，扰乱分税制财政管理体制秩序。因此，把一部分地方直接税的税收立法权下放给地方，有助于调动地方政府培植税源的积极性，也有利于提高地方政府治理能力，进而实现国家治理能力的现代化。

（三）地方直接税的综合治税机制相对落后

地方直接税税制建设，不仅涉及地方直接税税种的选择、税制要素的确定，还涉及地方征收管理机制的优化。关于地方直接税的征收管理，不仅是税务部门的职责，还会涉及公安、环保、金融、保险、住房与城乡建设、自然资源和规划等多部门的协调配合，需要建立一个综合治税的保障机制。目前，全国省、自治区、直辖市也加快了综合治税改革步伐，继 2003 年山东省出台地方性税收保障办法后，截至 2020 年，除浙江、上海、天津等部分省市以外，全国大部分地方相继颁布实施了地方性的《税收保障条例》或《税收保障办法》，为构建综合治税体系，促进税收征管工作的开展提供了制度保障。但是，从全国来看，仍然存在一些问题：首先，部分省市仍然没有专门的综合治税制度。不能在政府相关部门之间搭建有效的综合治税保障机制，无法保证涉税信息的及时收集和有效利用。其次，政府部门缺乏涉税协商机制。一些省市虽然出台了税收保障条例或相应的办法，但是由于个别部门对综合治税认识不到位，工作主动性较差，各部门之间沟通不顺畅；另外，操作程序规范性欠缺，即便是在同级税务部门之间也没有完全建立协调机制。最后，税源管理信息化建设有待加强。目前，政府相关部门之间涉税数据系统尚未实现有效整合，难以满足税源管理的信息化所需，还存在各部门之间“跑路”现象。

二、在要素层面，地方直接税制度陈旧，难以适应新形势

现行地方直接税中以条例形式制定颁布的 3 个税种都存在制度陈旧问题。具体来说，房产税、城镇土地使用税、印花税现行条例分别是 1986 年、1988 年、1988 年由国务院制定颁布的，距今已经执行了 30 多年，虽然执行过程中在税率等方面略有调整，但整体上没有全面修订，与新形势不相适应。其不足之处表现为征税范围窄、计税依据不合理、税率设计不科学等。具体分析如下。

（一）征收范围有待拓宽

地方直接税中房产税和城镇土地使用税的征税范围相对过窄。从纳税人角度来看，现行房产税和城镇土地使用税目前仅对从事经营活动的企事业单位征税，个人名下的非经营用的房屋和土地，除上海、重庆两个房产税试点地区以外均不需要缴税。从征税范围角度来看，现行的房产税和城镇土地使用税仅对城市、县城、建制镇和工矿区的应税房屋和土地征税，农村地区不征税。房产税和城镇土地使用税作为地方直接税，征税范围窄，直接影响了地方税收收入的增长，也限制了税收调节作用的发挥。与此同时，征收范围过窄引发了征收管理上的矛盾和问题：一是某些具体征税范围难以确定和把握。如随着经济的发展，工业化、城镇化进程不断加快，为进一步优化城镇体系，建设要素集聚平台，整合区位资源优势，推动县域经济发展，全国有很多地方都重新调整了乡镇行政区划，调整后的部分乡村界限很难界定，无法准确确定是否属于房地产税的征收范围。二是不利于体现公平原则。由于征税范围把农村排除在外，两个相同经营规模的企业，如果一个在城镇，另一个在农村，由于其经营地点不同，税收负担大相径庭。三是容易引发避税行为。由于不同经营地点税负差异较大，为纳税人提供了避税的可能。企业可以通过投资地点选择的筹划达到少缴税甚至不缴税的目的，直接影响到地方财政收入的增加，也不利于发挥房地产税对经济的调控作用。

我国现行印花税于1988年开始恢复征收，《中华人民共和国印花税暂行条例》（以下简称《暂行条例》）中将征收范围列了13个税目，其中经济合同10类。印花税从开征到现在已经有30多年，随着经济的发展，新兴产业不断涌现，经济业务范围也逐渐扩大，具有合同性质的凭证不断出现却没有及时补充到印花税税目中，如修理修配合同、售后服务合同、合伙协议等；还有一些经济合同虽然已经包括在征税范围中，但是涉及新增业务的合同同样没有纳入应税范围，如共享单车租赁尚未按租赁合同征收印花税。另外，《暂行条例》中列举的经济合同依据的是1982年实施的《中华人民共和国经济合同法》，而1999年《中华人民共和国合同法》（以下简称《合同法》）颁布实施，在《合同法》中对于经济合同重新进行了界定，一共分为15类，由于《暂行条例》30多年一直没有修订，所以《暂行条例》和《合同法》中的合同从名称到分类相差甚远。虽然2018年11月1日财政部、国家税务总局发布的《中华人民共和国印花税法（征求意见稿）》中对合同名称有所调整，但是该税法至今尚未出台。所以，现行印花税由于征税范围窄，征税项目界定不清，造成一定程度上的税款流失，既影响地方财政收入，也不能体现税收公平原则。

（二）计税依据不合理

现行房产税的计税依据分为两种：从价计征与从租计征。从价计征的房产税，是依据房产原值扣除10% ~30%后的余值按1.2%的税率计征；从租计征的房产税，是以租金收入乘以12%的税率计征。从价计征方式下，按余值征税已经与当前高速发展的经济带来的土地和房产大幅度升值的形势相脱节。由于近些年房价的迅猛增长，余值并不能真正地体现房屋现有的价值，税基不能随经济形势的变化、房价的上涨而正常增长，实际上相当于税基缩水，进而直接影响地方税收收入，房产税应有的公平税负的作用也难以发挥。城镇土地使用税的计税依据是纳税人实际占用的土地面积，属于从量课征。从量课征最大的弊端就是税收收入不仅不能随着课税对象价值的上升而增加，反而是价格越高，税收收入越少，具有累退性。由此，难以发挥调节土地级差收入的作用，也无法对土地闲置现象和土地投机行为起到应有的调节。

（三）税率设计不科学

现行房产税从价计征和从租计征分别适用1.2%和12%的税率，从租计征方式下，12%的税率明显过高，再加上按租金征收的5%增值税、城市维护建设税及教育费附加等，税负过重。城镇土地使用税适用定额税率，定额税率最大的缺陷就是其税额不具有弹性，不能随经济的增长而增加，组织财政收入能力有限。

目前，印花税条例规定的税率存在税率档次过多过细、不同档次税率差异太大的问题。13个税目既有比例税率，又有定额税率；比例税率中最低的是借款合同适用的0.005%的税率，最高的是财产租赁合同、仓储保管合同、财产保险合同适用的0.1%的税率，二者相差20倍，凸显出不同行业税负不公平问题。另外，四档比例税率层级过多，不符合“简税制”的原则，给征纳双方都带来不便；印花税的税率多年来一直维持不变，税率过低，也是地方财力不足的一个原因。

除了以上3个尚未上升到税收法律高度的税种在主要构成要素方面还有待完善以外，2018年1月1日刚刚施行的《环境保护税法》和2019年1月1日施行的新的《个人所得税法》在税目税率的设计等方面也需要进一步调整、规范。

第三节　构建以直接税为主体的地方税体系的基本对策

从前面对现行地方直接税税制建设情况的分析来看，既有立法层面的问题，也有要素层面的不足。建立现代税收制度的前提首先要解决立法问题，无法可依不符合现代税收制度的要求。地方直接税制度建设的核心是税收立法权的归属问题，是中央集中立法，还是对地方政府授权立法，二者存在一定的矛盾。我们认为，作为地方直接税，授予地方政府一定的税收立法权，允许其根据本地实际情况制定相应的税收制度是很有必要的，但是必须在法律规定的范围内进行，否则就与税收法定原则相背离。另外，课税要素要规范合理，也是地方直接税制度建设的必要条件。这就要求，一方面，在制度建设时要有明确的安排，合理界定纳税人、征税范围、税率等要素；另一方面，可通过建立动态调整机制，根据客观经济形势的变化适时作出调整。因此，以直接税为特质的地方税制体系构建需要围绕立法层面和要素层面展开。

一、立法层面，进一步健全地方直接税相关法律法规

（一）落实税收法定原则，逐步提高地方直接税的立法层次

党的十八届三中全会以后，为落实税收法定原则，税收立法步伐逐渐加快。由表4－4可以看到，现行11个以法律形式颁布的税种中，有8个税种是在《立法法》修订以后立法并实施的，其中包括地方直接税中的环境保护税和契税，《个人所得税法》在2018年也重新进行了修订。落实税收法定原则，不仅体现在税种的选择、税制要素的确定方面，还包括税收征收管理的内容，也就是说，所有与征税有关的制度都必须通过法律规定下来，税收立法权要彻底回归全国人大及其常委会。

当前，地方直接税中尚有3个税种是由全国人大授权国务院制定，以暂行条例的形式颁布实施。落实税收法定原则，要尽快提高这3个地方直接税的立法层次，由全国人大及其常委会出台相关法律。考虑到一部法律的出台需要一定的时间，可以采取分步推进的方法。首先，尽快实现房地产税立法。房产税的试点工作早在2011年就在上海和重庆开展，目前已经积累了许多宝贵的经验，应在充分调研、广泛征求意见的基础上，将城镇土地使用税并入房产税，尽快制定出台房地产税法。其次，印花税立法步伐应加快。2018年11月1日，财政部发布《中华人民共和国印花税法（征求意见稿）》，向社会公开征求意见；2021年1月4日，国务院常务会议通过《中华人民共和国印花税法（草案）》，规范印花税征收的暂行条例有望尽快上升为法律。鉴于地方直接税制的制定、调整受地方利益影响较大，以及当前税收环境的变化，可以采取“一税一议”的办法，坚持民主原则，广泛听取各方意见，以适应现代税收制度建设的需要。最后，对于准备新出台的税种，如遗产与赠与税等，也要立法先行，在颁布实施之前，注意将草案公之于众，广泛征求民意。全面落实税收法定原则，力争在2025年完成所有属于法规性质的地方直接税的立法任务。

（二）赋予地方政府一定的税收立法权

大多数实行分税制的国家，均在明确各级政府事权和支出责任的基础上，在强调中央税权主导地位的同时，赋予地方一定的税收自主权，允许地方对主要税种行使一定的税法调整权和税收减免权，对辅助性税种则具有一定的税收立法权，以使地方政府因地制宜解决本地财力问题，进而更好地发挥地方税的调节作用。在我国，由于各地资源禀赋不均，风俗习惯差异巨大，经济发展极不均衡，现实国情要求中央必须统揽全局，实施宏观调控，但是，从国家治理的角度出发，可适度授予地方一定的税收立法权。尤其是对于地方直接税，如果地方人大拥有一定的税收立法权，则可以根据本地社会经济发展的实际情况，制定相应的地方直接税制，发挥地方直接税在保证地方财政收入、调节收入差距方面的作用，以更好地适应地方治理结构，提高地方治理能力。

针对我国国情和目前税收管理权限的现状，在地方直接税税制建设上，对税收立法权划分可以实行分类分级管理。（1）对于需要在全国范围开征且地域界限不太明显的地方直接税，如企业所得税、个人所得税、印花税，仍由中央进行立法，同时保留税收解释权和调整权。对于地方来说，在保留税收征收权和一定的税收收益权的基础上，应适当下放一定的税收减免权，既维护中央权威，保持了税收政策的统一性，又发挥了地方征管优势，以便于各项政策更好地贯彻实施。（2）对于需要在全国范围开征，但地域界限比较明显的地方直接税，如房地产税、契税、车船税、环境保护税，在立法权仍然归属中央的前提下，地方政府可拥有一定的税收调整权。如在中央确定的幅度税率范围内，地方政府可以根据本地区的实际情况，选择适合本地区的适用税率。（3）对于资源特色明显的地方，可以根据当地经济发展的实际情况，有权决定开征某些地方直接税，如遗产税和赠与税。这样既不影响全国统一税制的形成和中央宏观调控作用的发挥，又能适当增加地方的财政收入。当然，有权开征地方直接税的地方政府仅限于省级政府，并且，对于地方决定立法开征的地方直接税，中央应保有建议权或指导权乃至最终的否决权，对于征税的范围、适用的税率、具体的征收办法等一系列税收政策均须报中央批准或备案后方可实施。

（三）完善地方直接税的综合治税机制，提高税收征管效率

首先，建立健全综合治税保障机制。针对建立地方直接税税制过程中部分省市缺乏地方综合治税保障机制问题，建议在修订《税收征收管理法》时，增加“建立综合治税保障机制”相关条款，并在该法的实施条例中明确各省、自治区和直辖市均应出台由地方人大审议颁布的地方性《税收保障条例》。规范各地综合治税的基本规定，明确涉税部门的责、权、利，建立健全综合治税奖惩机制，使地方税务机关在与相关协作部门开展综合治税行动中有法可依、有章可循。

其次，加大税收信息化管理力度。在大力推进金税三期工程的同时，利用现代信息技术，加大税收共治大数据平台的开发和应用，合力采集相关涉税数据，如土地出让、建设施工、行政许可、项目投资等涉税信息，为综合治税服务；开发数据分析模块，通过对采集的基础数据和税务部门掌握的计税依据、税收收入等数据进行分析比对，提高数据信息的利用效率，为税务部门依法征税提供可靠的数据支撑；通过信息的综合共享机制，加强房产税、个人所得税等税源的信息化管理，强化对重点行业、重点地区等重点税源的动态监测，及时更新纳税评估数据，完善纳税评估模型，有效跟踪检测分析，强化对整体形势的评估，最大限度发挥数据分析功能，发现征管风险点，进行有效防范预警，加强风险监控，及时堵塞漏洞。

最后，加强政府各部门之间的合作。综合治税是政府各部门、社会各有关机构协同配合的综合体系，而地方各级政府是凝聚各种力量的核心。因此，为了更加有效地推进综合治税，各级政府要加强领导，强化组织机构建设，给予综合治税政策等方面大力支持，为各相关部门搭建好协同治税的桥梁；税务机关应当与相关部门建立涉税信息共享和工作配合机制；相关部门和单位要提高认识，增强工作主动性，按照职责分工，担负起相应的责任，及时向税务机关提供与涉税有关的信息，依法协助税务机关加强征收管理，做好

地方直接税税收保障工作。通过信息资源整合，建立一个涵盖财政、税务、公安、环保、金融、保险、住房与城乡建设、自然资源和规划等部门的科学、可靠的部门间信息交换系统，推进各部门信息共享，实现综合治税信息互通互联，进而降低税收征管成本，提高征管效能。

二、要素层面，调整更新老税种，适应新形势

（一）合并开征房地产税

在地方直接税中，与房地产有关系的税种包括房产税、城镇土地使用税和契税，其中，房产税和城镇土地使用税是在房地产保有环节交的税，属于财产税，契税是在房地产交易环节交的税。从表4－5可以看出，2014～2019年，房产税、城镇土地使用税和契税在地方直接税收入中占比分别为8%～9%、6%～9%、17%～19%；2019年，地方直接税构成中，以上3个税种在地方直接税收入中占比分别为9.36%、6.88%和19.46%，在房地产保有环节征收的房产税和城镇土地使用税占比较低，合计还不如交易环节的契税占比高，说明存在“轻保有，重交易”现象。因此，若要发挥房地产税在地方经济中的作用，扩大保有环节房地产税，改革势在必行。

表4－5　　2014～2019年我国地方直接税各税种收入占比　　单位：%

税种	2014年	2015年	2016年	2017年	2018年	2019年
地方财政企业所得税	41.92	41.99	41.22	41.37	41.09	46.73
地方财政个人所得税	14.01	15.24	16.41	16.93	17.42	13.02
房产税	8.79	9.07	9.03	9.21	9.07	9.36
城镇土地使用税	9.46	9.47	9.17	8.35	7.50	6.88
契税	19.00	17.24	17.49	17.37	18.03	19.46
地方财政印花税	4.24	4.27	3.90	4.03	3.84	3.87
车船税	2.57	2.71	2.78	2.74	2.61	
环境保护税	—	—	—	—	0.47	0.69

资料来源：根据表4－2数据计算得出。

现行房产税对房屋征收，城镇土地使用税对国有土地征收，都是以房屋或土地为征税对象，具有很大的相似性，尤其是现行地方税制中，房产税和城镇土地使用税都是以位于城市、县城、建制镇和工矿区的房屋或土地为课税对象。现实中，虽然在我国土地属于国家所有，但房产和地产是无法分开的，纳税人购买房产时，房价中已经包含了地价款，对土地拥有一定的使用权，所以，为了简化征纳手续，规范地方直接税税制体系，可将两税合并为房地产税，将房地产税界定为：以房屋或土地为征税对象，按照房屋或土地的市场价值或评估价值为计税依据，在持有环节向产权所有人或土地使用人征收的一种税。并从征税范围、计税依据、税率等方面进行统筹设计。

1. 征税范围的确定

房地产税的税制设计应按照“宽税基、低税率”的原则，扩围保有环节房产税的征收，无论是城市还是农村、经营用房还是非经营用房，都纳入房地产税的征税范围中。首先，要把符合条件的农村房屋和土地纳入征税范围。其原因有两个：一是城乡住房差距缩小。我国现行房产税和城镇土地使用税最早始于20世纪80年代，受当时的经济发展条件所限，都没有把农村地区纳入征税范围之中。30多年来，随着经济的发展，农村住房条件已经发生了翻天覆地的变化，由80年代的茅草房、石头房、窑洞到90年代的砖瓦房，进入21世纪以后，中央乡村振兴战略的实施进一步促进了农业的发展，农民收入有了明显的增加，很多农民在县城买了楼房，一些富裕地区甚至在村里统一盖起了小洋楼，住房条件大大改善，城乡住房差距逐渐缩小，为房地产税培植了税源。二是城镇化改革造成城市和农村边界模糊。多年来，农村地区进行城镇化、乡村改造，大规模的开发使得许多原来的行政村不复存在，一些城乡接合部地段都已经城市化，原有的城乡界限逐渐被打破，给税收征管带来了一定的难度。其次，征税对象既包括经营用房，也包括非经营用房。目前，随着人们生活水平的不断提高，部分人的居住用房占地面积越来越大，装修豪华的高档住宅、独栋别墅逐渐增多，有些家庭拥有多套住房，人均住房面积已经达到100平方米以上。在某种程度上讲，房子已经成为财富的象征，但是，目前我国除上海、重庆试点缴纳房产税以外，其他地方个人非营业用房均无须缴纳房产税，房产税作为地方直接税，在某种程度上可以说既是税收调节功能的缺失，也丧失了取得地方财政收入的机会。因此，无论是从完善税制角度，还是从调节贫富差距、筹集地方税收收入角度来看，都有必要将个人非经营用房纳入房地产税的征收范围。调整后的房地产税更符合公平原则，能更好地发挥调节收入的作用。

2. 计税依据的重新设计

针对我国现行房产税和城镇土地使用税按房产余值和土地实际占用面积征税存在的弊端，应该借鉴国外经验，对未来即将开征的房地产税的计税依据重新进行设计。目前，世界上大多数国家的房产税都是采用按市场评估价值作为计税依据，评估指标应该包括房屋所处的地理位置、房屋面积的大小、朝向、楼层的高低、成新度等，这种计税方法比较客观，更加符合税收公平的原则，能够比较准确地反映房地产价值，和纳税人的承受能力相匹配。在评估时间的选择上，既不能太长，也不能太短。时间太长，评估价格不能随房地产价格变动而调整，影响税基的准确性；时间太短，会增加征收成本。一般情况下，可以选择五年为一个周期，每五年对房产进行一次评估，如果遇到特殊情况，比如，受金融危机影响，房价出现异常波动，也可适当缩短评估周期，使评估值随着经济的发展和房地产市场价格的变动而相应调整，增加房地产税收的弹性，从而能够为地方政府提供持久稳定的收入来源。

3. 税率的确定

从开征保有环节房地产税国家的情况来看，不同国家和地区的税率形式各异，既有比例税率，又有累进税率，但税率幅度大都在1%～3%。我国目前正在试点房产税的上海市将税率确定为0.6%，但是，由于按评估值的70%计税，相当于实际税率为0.42%；重庆市则执行0.5%～1.2%的累进税率。但是，不管是上海还是重庆，都规定了一定面积的免税政策，如上海市人均住房面积不超过60平方米不用交税，重庆市存量别墅每户180平方米、新购高档住宅每户100平方米也不用交税。本着既借鉴国外经验，又结合我国国情，在总结上海和重庆两个试点城市开征房产税经验的基础上确定税负的思路，我们认为，保有环节的房地产税作为地方直接税，它担负着调节贫富差距、增加地方财政收入的任务。因此，在确定税率时不能一概而论，可以由中央政府统一设置一个幅度税率，然后，各地结合本地区的实际情况，再灵活设置具体的税率。既体现了中央的统筹规划，又因地制宜适应了各地经济发展水平和当地的房地产市场具体情况，有利于实现税收的组织财政收入、合理配置资源和调节经济职能。

由于我国房地产价格一直居高不下，学界都寄希望于通过开征保有环节房地产税对房地产市场起到一定的调节作用，抑制过热的市场行为，缓解供求矛盾，促进经济稳定增长。因此，按照“宽税基、低税率”的原则，房地产税税率不宜过高，应根据住房的不同性质由中央确定不同的幅度比例税率，然后再由各省、自治区、直辖市人民政府确定具体税率，其中，经营性房产税率为1% ~3%；自住商品房，普通住宅税率为0.6% ~1%；因拥有多套而闲置的房屋、豪宅和高档公寓税率比照经营性房产，按照1% ~3%实行分档税率；2年以上未开发的空地按照最高税率3%征收。同时，要进一步明确对首套房不征税或按照一定人均居住面积予以免税的政策，鼓励房地产市场正常有序运行，确保个人的基本居住需求（贾康、李婕，2014）。

（二）完善印花税法律规范

1. 扩大征税范围

为了加强对经济活动的监督与管理，一是将所有具有经济性质的合同都纳入印花税征收范围。对印花税税目重新规范，经济合同的类型和名称依照《合同法》进行调整，如将“购销合同”“加工承揽合同”改为“买卖合同”“承揽合同”，将“仓储保管合同”改为“保管合同”和“仓储合同”等，以体现法律的统一性；同时又要注意对《合同法》的灵活应用，保留财产保险合同，发挥税收对保险业的监督调控作用。除此之外，将《合同法》中的委托合同、行纪合同、居间合同、赠与合同纳入征税范围。二是进一步扩大合同业务认定范围。将共享单车的租赁纳入租赁合同业务范围；为确保税负公平，无论是纸质凭证还是电子凭证，均应纳入征税范围。2006年11月，电子凭证已经确定为应税对象开始征收印花税，随着电子商务的发展，网上经营活动发生的交易记录也应该认定为合同性质的凭证，一并征收印花税。通过调整，无论是线上交易还是线下交易，纸质合同还是电子凭证，凡是与经济业务相关的合同类凭证均纳入征税范围，只要纳税人发生相关经济行为，就应履行纳税义务。如此，将有效避免纳税人因不提供合同而逃避纳税的行为，同时，也可以较好地解决当前日益繁荣的电子商务征收印花税的问题。扩大印花税的征收范围，不仅能完善印花税税收制度，也能完善地方直接税税收制度，为地方财政收入的增加寻找新的渠道。

2. 简并税率，减少层级

现行印花税除权利许可证照实行定额税率外，对合同凭证均采用比例税率。20 世纪 80 年代开征印花税时，受当时的经济发展水平影响，同时也为了培养纳税人自觉纳税意识，确定的税率整体偏低，并且开征至今 30 多年一直没有进行调整，税负过轻；另外，比例税率之间差别过大，不利于体现税负公平原则；税率层级多，给征纳双方带来不便，增加了征纳成本。为此，一要适当提高税率水平。鉴于 30 多年经济的发展情况，再考虑纳税人的心理承受能力，可将税率提高一倍，以便更好地发挥税收调节作用，也为地方增加财政收入。二要适当简并税率，减少税率层级。13 个税目，简并为 2 ~ 3 个税率层级即可，既能根据不同行业收益水平区别对待，又不至于给税收征管造成太大的负担。

（三）优化个人所得税

个人所得税作为调节收入分配最有效的手段，具有其他直接税种不可比拟的优势，应切实发挥其主导作用，实现经济的可持续发展。虽然新的《个人所得税法》自 2019 年 1 月 1 日起已经施行，但是新法在税率、费用扣除等方面还需进一步完善。要想发挥个人所得税的调节功能，就必须进一步加大改革力度。建议在目前地方主体税种缺失、房产税立法遥遥无期的情况下，恢复个人所得税的地方税身份，提高个人所得税在地方直接税中的地位，使地方政府有稳定的收入来源；同时通过优化税率结构、完善专项附加扣除制度、建立动态调节机制等措施进一步完善个人所得税法，充分发挥其调节收入的功能。

1. 优化税率结构

税率不统一引发新的不公平。2019 年 1 月 1 日开始，个人所得税实行混合征收制，在这种征收方式下，仅对工资薪金所得、劳务报酬所得、稿酬所得和特许权使用费所得四项所得实行综合课征，适用七级超额累进税率，最高为 45%，其他五项所得仍然实行分类课征的方法，税率为 20%。不同所得税率相差 25 个百分点，税率高且不统一，使得同样一笔百万元的收入，如果在工资薪金所得项目下，适用最高 45% 的税率；而在股息红利、财产转让项目下，仅适用 20% 的税率，税负相差太大，不利于体现公平原则，致使一部分高薪阶层有可能放弃高薪，转为股权收入。因此，应适当调减综合所得 45% 的边际税率，借鉴“亚洲四小龙”之一韩国的做法，将最高税率确定为 35%。

2. 完善专项附加扣除

通过完善专项附加扣除，增强税制的公平性、合理性。新个人所得税增加了六项专项附加扣除，但在其中的子女教育支出专项附加扣除方面，规定子女满三周岁时父母才可以享受该项税前扣除待遇。现实中，三周岁以前孩子的吃、穿和医疗费用等开支非常大，会消耗大量的精力和财力，甚至还需要母亲在家照顾孩子一段时间，导致收入减少。所以建议扩大时间范围，考虑进前三年的时间，使得个人所得税更加贴近生活实际，减轻家庭负担。

3. 动态调整费用扣除标准

截至目前，个人所得税的基本减除费用经历了四次调整，从 1994 年全面开征个人所得税时的 800 元，提高到现在的 5000 元，平均每六年调整一次。主要原因是居民的基本生活消费开支随着物价的上涨而不断上涨，如果不进行及时的调整，就会使居民的生活负担加重，生活成本上升。今后，随着物价水平的变化，基本减除费用调整应成为常态，应将免征额、专项附加扣除金额与居民消费价格指数、城镇居民人均年收入挂钩，动态调整费用扣除标准，在一定程度上避免扣除额的增长赶不上物价上涨情况的发生，也可解决税法修订的滞后性问题。

（四）进一步完善环境保护税法律法规

为保护和改善环境，减少污染物排放，推进生态文明建设，2016 年 12 月 15 日，第十二届全国人民代表大会常务委员会第 25 次会议通过《中华人民共和国环境保护税法》（以下简称《环境保护税法》），并于 2018 年 1 月 1 日起正式实施。环境保护税是我国首个明确以环境保护为目标的独立型环境税税种，有利于解决排污费制度存在的执法刚性不足等问题，有利于提高纳税人环保意识、强化企业治污减排责任。虽然《环境保护税法》2018 年 1 月 1 日才施行，但是其在实施过程中也暴露出一些问题。首先，税目设置不全面。《环境保护税法》中明确规定税目种类只包括大气污染物、水污染物、固体污染物和噪声，而污染物的类型不只包括这四大类，还有其他类型，例如土壤污染物等，在这四大类应税污染物中，征税对象较少，对企业来说限制也就很少，不利于低碳经济的发展。因此，应将不可再生资源以及大气中分离出来的其他污染物也纳入环境保护税征税范围中。其次，税率设计不合理。按当前税率设计确定的税额远低于污染治理的实际成本，所以，很多企业都是先污染后缴费，这样的成本低于利用环保设备净化后再排放的费用，现行的税率起不到节能减排作用。因此，在税率方面，可实行差别征税，普通企业按照实际情况缴税，对污染特别大的企业，可以采用较高税率征收，差别征税是适合现在企业发展不均衡的有效方法。

（五）进一步规范车船税

在我国现行的 18 个税种中，对车船征收的税应该算是时间最久远的税。新中国成立初期，1951 年就开征了车船使用牌照税；改革开放以后，1986 年开征了车船使用税，至此形成了内外资企业分别征收车船使用税和车船使用牌照税的局面；2007 年为统一税制、公平税负，取消了车船使用税和车船使用牌照税，对包括外资企业和个人在内的各类纳税人统一征收车船税，并进一步明确了车船税作为财产税的性质；2012 年车船税又进一步上升到法律的高度。作为财产税，车船税在要素层面还存在一些问题，应进一步规范。

1. 扩大征税范围

现行车船税主要以机动车、机动船为征税对象，具体按车辆和船舶的功能性质分为六个税目。从交通运输行业分类角度来看，同样是交通工具，铁路运输和航空运输的火车和飞机并没有包含在征税范围之中，仅对陆路运输和水上运输的车辆和船舶征税，没有发挥出其应有的调节财产收入的作用，因此，应考虑将火车和飞机等纳入征税范围，以彰显税收的公平性。

2. 调整计税依据和税率

现行车船税对乘用车按数量作为计税依据，在税额的确定上，按发动机汽缸排量大小确定税额，排量越大，税额越高，最高为 5400 元，是最低税额 60 元的 90 倍。车船税的立法目的过多地考虑了节能减排，而忽视了作为财产税应有的调节贫富差距的作用发挥。只要是排量相同，不论价格高低都征收相同的税，比如排量同样是 2.0 升，上汽大众途观 L2020 款 330TSI 自动两驱风尚版的官方指导价为 21.88 万元，而华晨宝马 X3 2020 款 xDrive28i M 运动套装的官方指导价为 42.58 万元，价格相差一倍，应缴纳的车船税税额却相同，税负明显不公平；另外，在税收促进节能减排方面，已经有每升 1.2 ~ 1.52 元的成品油消费税和 1% ~40% 的小汽车消费税，没有必要让车船税担负太多的节能减排责任，应该还车船税财产税的本色。因此，从车船税的财产税性质角度考虑，按车辆价值或评估价格作为计税依据更公平，可将乘用车分为普通车辆、中档车辆、高档车辆和豪华车辆四个档次，按不同档次分别规定不同的税率，更好地发挥车船税调节财产收入的作用（施佳艳，2015）。

（六）择机开征遗产税和赠与税

遗产税是遗产赠与者死亡后，对遗产继承者继承的财产征收的一种税；赠与税是针对现实中存在的相互赠与财产行为征收的税。一般情况下，为了有效预防纳税人出现偷税情况，应当同时开征遗产税和赠与税，故而称之为遗产与赠与税。目前，世界上有 100 多个国家开征了遗产税或类似的税种。在我国，新中国成立初期，由于各项条件尚不具备，一直未开征遗产税。改革开放以后，随着经济的不断发展，个人财富积累增加，贫富差距加大。自 2000 年基尼系数突破 0.4 的国际警戒线以后，一直高位运行，虽然在 2015 年降到多年来最低（0.462），但近几年又开始反弹，2017 年达到 0.467。过高的基尼系数反映出我国收入分配差距过大，有资料显示，我国 20% 的人口集中了 80% 的财富，财富过于集中又将引起代际转移，引发新的不公平。目前，我国税制结构以间接税为主，个人所得税作用发挥受限，适时开征遗产与赠与税非常必要。作为地方直接税，遗产与赠与税的征收对于实现党的十八大提出的“提高直接税比重”的税制改革目标，进一步优化现行税制结构，调节收入差距，维护社会公平方面将发挥重要作用。

1. 税制模式的选择

遗产与赠与税的税制模式有三种：总遗产税制、分遗产税制、总分遗产税制。三种税制模式有不同的特点，在调节收入差距、维护社会公平方面的功能也有一定的差距（见表 4 – 6）。从我国当前的经济发展水平、税收征管水平以及纳税人的心理承受能力等各方面综合考虑，建议初次开征宜采用总遗产税制。

表 4 – 6　　遗产与赠与税三种税制模式比较

类型	征收模式	特点	功能
总遗产税制	先税后分	不计亲疏关系，可有效确定税源，税制简便，征收成本低	调节作用弱化，不能最大限度体现公平
分遗产税制	先分后税	考虑亲疏关系，税源不可控，税制复杂，征收成本高	有效发挥调节作用，税负更公平
总分遗产税制	先税后分再税	税制过于复杂，征收难度大，税负重，存在重复征税	有效发挥调节作用，但易引起抵触心理

2. 主要税制要素的确定

开征一个税，首先要明确纳税人、征税对象和税率，这是税制最主要的三要素。

（1）纳税人的选择。遗产与赠与税中不同的税制模式下税制要素的内容是不同的。总遗产税制模式下遗产与赠与税的纳税人要依据被继承人是否规定遗嘱执行人，按照遗嘱执行人、法定继承人以及受遗赠人等不同顺序确定。

（2）征税对象的选择。遗产与赠与税的征税对象应当包括被继承人生前所遗留的全部合法财产，为避免被继承人生前转移财产或进行避税，征税范围还应该包括被继承人生前一定时间内向继承人或受遗赠人赠送的财产，对于该期限的界定既不宜太长，也不宜太短，可借鉴国外做法，将该期限确定在3~5年。

（3）税率形式的确定。税率是税法规定的应纳税额与计税依据的比率。遗产与赠与税税率的选择直接关系到继承人的切身利益，税率的高低也直接影响着税收调节作用的发挥。如果税率定得太低，遗产税就难以发挥调节贫富差距的作用；而税率过高，容易引发纳税人的避税行为，而且还会造成资金外流，影响本国经济的发展。因此，应该借鉴国外的做法，合理确定税率形式和档次。从世界上开征遗产税国家的税制情况看，由于累进税率自身具有强大的调节收入差距的功能，大部分国家都采用了累进税率，因此，我国也可以选择累进税率。在税率档次上不同国家各有千秋，我们认为，从简化税制角度考虑，税率档次不宜太多，可采用5%~45%的五级超额累进税率。总遗产税制模式下税制三要素见表4-7。

表4-7　　总遗产税制三要素

纳税人（按以下顺序确定）	征税对象	税率
（1）遗嘱执行人； （2）继承人以及受遗赠人或其法定代理人； （3）赠与税由赠与人为纳税人	个人遗留的所有财产（含3年前转移的）	5%~45%的五级超额累进税率

（4）起征点和免征额的确定。除了上述纳税人、征税对象和税率基本税制要素之外，由于遗产与赠与税主要是对富人征税，所以应该规定起征点和免征额。起征点是开始征税的起点，没有达到起征点不用缴税，达到起征点，纳税人要全额缴税。借鉴国外开征遗产税的经验，结合我国当前

经济发展水平和人均收入情况，我国的遗产与赠与税的起征点可以确定为1000 万元；免征额是指免于征税的数额，对于继承人在继承遗产时发生的合理费用应该允许在税前扣除，如丧葬费用、律师费用、财产所有人生前的债务等，这样使得低收入群体免于纳税，充分发挥遗产与赠与税调节贫富差距的作用。

第五章
科学严密的税收征管体制的构建

党的十八届三中全会将全面深化改革的总目标确立为“完善和发展中国特色社会主义制度，推进国家治理体系和治理能力现代化”，科学严密的税收征管体制构建是国家治理体系和治理能力现代化的一部分。

第一节　税收征管体制的发展历史与现状

一、我国税收征管体制的历史沿革

税收征管体制是划分中央和地方之间税收征管权限的制度，也是国家财政管理体制的重要组成部分，体现了税收征管集权与分权的关系。从 1949 年中华人民共和国成立至今，为适应经济社会形势的转变，我国的税收征管体制历经了数次较大的改革。

（一）专管员征管阶段

在中华人民共和国成立后到 20 世纪 80 年代中期，与当时的计划经济相匹配，实行专管员管理模式。具体做法是，在地方税务部门中设立税务专管员岗，并分配相应的纳税人由专管员进行税务管理，管理范围包括所辖纳税人所有税种的征收和管理事务。其特点是征管查集于一身，当时经济成分单一，税收管理基础较差，专管员征管是当时效率较高的一种征管方式，为保证国家财政收入发挥过积极作用。这种管理模式是我国长期实行的计划经济体制下，国家直接管理企业的产物，它与传统计划经济体制下的所有制形式单一、经济规模较小、纳税人较少的情况相适应，具有便于分工、管理简便的特点，可推动税务人员深入到户，控制税源。但是，这种征管模式存在征管效率低、缺乏监督制约机制和征纳双方权责不清的问题。

（二）税收专业化分工征管阶段

在我国实行改革开放政策以后，经济快速发展，纳税人数量大量增加，随着我国税收制度的变革，征收管理也越来越复杂，专管员征管模式已经难以适应新形势下对税收工作的要求。经济体制由计划经济向有计划的商品经济转变，税收体制由简单税制转变为复合税制体系。为了使管理上与变化了的经济和税制相适应，1985～1994 年十年间，各地税务部门的专管员从管户制向管事制转变，同时为了解决税务机关人员制约问题，实行征、管、查分离的征管模式。1990 年，国家税务局要求，不再由专管员上门征收，转变税收征管模式，由纳税人主动到税务机关申报纳税，1991 年在全国推行。这种模式分工清楚、相互制约，但是也存在弊端，征纳双方的权利和义务未充分体现，仅局限于税收征管方式及税务机关内部分工的调整，未能发挥推进依法治税、组织税收收入应有的作用。“征、管、查三分离”的改革虽然有其局限性，但它打破了传统体制，按职能设置机构，使我国税收征管从此走上了专业化分工管理的发展轨道，符合效率原则。

（三）向现代税收征管转型阶段

自 1992 年我国启动市场经济体制改革以来，经过多年发展，我国的社会主义市场经济体制已经初步确立，与之相应的分税制改革也取得初步成功。为适应全新的经济体制和经济运行模式，国家税务总局在 1995 年提出了“以纳税申报和优化服务为基础，以计算机网络为依托，集中征收，重点稽查”的30字税收征管改革模式。随着计算机技术的普及，税收征管手段不断升级，1997年，国家税务总局发布《关于深化税收征管改革的方案》，要求全国税务系统建立纳税人自行申报纳税制度，建立相应的服务体系，包括税务机关和社会中介组织相结合的服务体系、以计算机网络为依托的管理监控体系、人工与计算机结合的稽查体系、以征管功能为主的机构设置体系。随着税收信息化的不断发展及税收软件的推广应用，为了对征管人员更好地开展监督，2003年补充了“强化管理”4个字，正式变为“34字”模式。

（四）逐步建立现代税收征管的阶段

1994年分税制改革后，我国围绕全面实行分税制财政体制而进行的税收体制改革，是新中国成立以来力度最大、影响最为深远的一次税收体制改革。其基本内容有：在税收征管权横向分配上，海关主要负责与进出口相关的关税、进口环节增值税、进口环节消费税的征管；因农业税取消，财政机关不再有税收征管职能；税务机关主要负责工商税收的征管，根据当时国税系统、地税系统的分工，国税负责中央税和中央与地方共享税税种的征管，地税负责地方税税种的征管。分税制改革扭转了中央收入比重逐步下滑的局面。1993年，中央财政收入占全国财政收入比重仅为22%。分税制改革提高到55.7%后，经过多次分配格局调整，2019年中央财政收入占比47%左右，基本保持在合理区间，为充分发挥我国集中力量办大事的社会主义制度优势提供了有力保障。①

在税收征管权的纵向分配上，国家税务总局、省、市、县和基层税务机关负责不同的税收征管职能。从总体上说，国家、省、市、县税务机关是管理机关，主要职责是税收征管的组织和政策的管理；基层分局直接负责税收征管，主要是税户管理和征收入库。同时，对税务机关的内部管理及征管职能也作了具体划分。在业务方面，国税局和地税局统一受国家税

① 刘昆．我国的中央和地方财政关系［N］．中国财经报，2020-08-13.

务总局的管理；在行政方面，国税局实行彻底的垂直管理，地税局实行省级地税局和地方政府双重领导，以省级地税局领导为主、省以下垂直管理体制，从而形成了分税制财政体制下的两套税务机构，分别进行税收征管的格局。这种税收征管体制，对于克服财政包干体制下的种种缺陷，推动分税制财政管理体制的建立，增强中央的宏观调控能力，调动地方生财、聚财的积极性起到了积极的作用，但在基层征管实践中出现一些深层次矛盾和问题，征管职责划分、人员分工、相互协作等方面还有待进一步完善。

根据2018年3月中共中央印发的《深化党和国家机构改革方案》要求："改革国税地税征管体制。为降低征纳成本，理顺职责关系，提高征管效率，为纳税人提供更加优质高效便利服务，将省级和省级以下国税地税机构合并，具体承担所辖区域内各项税收、非税收入征管等职责。"按照改革方案要求，国税和地税机构进行了合并，目前除部分税种由海关征收，其他税种由税务机关征收管理。国税、地税合并前后的征管范围见表5－1和表5－2。

表5－1　　国税、地税合并前的国税局、地税局和海关的征管范围

征管机构	税种
国税局	国内增值税；国内消费税；铁道（铁路建设基金）、各银行总行、保险总公司集中缴纳的营业税；铁道（铁路建设基金）、各银行总行、保险总公司集中缴纳的城市维护建设税；铁道、各银行总行、保险总公司集中缴纳的企业所得税；中央企业、海洋石油企业、地方和外资银行及非银行金融企业以及其他按规定属于国税局征收管理的企业所得税；（储蓄存款利息所得）个人所得税；车辆购置税；海洋石油企业资源税；证券交易印花税
地税局	（除国税局征收之外的）营业税、（除国税局征收之外的）城市维护建设税、（除国税局征收之外的）企业所得税、（除储蓄存款利息所得之外的）个人所得税、房产税、城镇土地使用税、车船税、耕地占用税、土地增值税、契税、（除证券交易之外的）印花税、（除海洋石油企业之外的）资源税、烟叶税、环境保护税
海关（国税委托代征）	海关（国税委托代征）关税、进口增值税、进口消费税、船舶吨税

表5-2　　国税、地税合并后的税务局和海关的征管范围

征管机构	税种
税务局	国内增值税、国内消费税、城市维护建设税、企业所得税、个人所得税、车辆购置税、房产税、城镇土地使用税、车船税、耕地占用税、土地增值税、契税、印花税、资源税、烟叶税、环境保护税
海关（国税委托代征）	关税、进口增值税、进口消费税、船舶吨税

二、我国税收征管体制的现状

税收征管体制作为税收征管权划分和征管机构设置的各项制度的集合体，是规定相关国家机关之间税收征收管理权限划分及其征管机构设置的一系列制度。我国现行税收征管体制表现为以下特点。

（一）中央和地方财税关系改革初见成效

分税制改革以来，我国中央和地方财政关系的改革发展取得了明显成效，特别是党的十八大以来，从国家治理的高度将其作为全面深化改革的一项重点工作加快推进，调动了各方面积极性，为我国经济社会发展营造了更加公平有效的环境，为决胜全面建成小康社会提供了坚实的财力保障。财政收入稳步增长，有力支撑和推动经济社会发展，财政事权和支出责任划分逐步清晰，事权与支出责任相适应的制度基本建立，省以下财政体制初步规范，基层财政保障能力有所增强。①

根据国务院关于实行分税制财政管理体制的规定，我国的税收收入分为中央政府固定收入、地方政府固定收入和中央政府与地方政府共享收入。中央与地方税收收入见表5-3。

① 刘昆．十三届全国人大常委会专题讲座第十八讲——我国的中央和地方财政关系［EB/OL］．中华人民共和国财政部网站，http：//www. mof. gov. cn/zhengwuxinxi/caizhengxinwen/202008/t20200813_3567412. htm.

表 5 - 3　　中央与地方税收收入

项目	中央政府收入	地方政府收入
固定收入	消费税（含进口环节海关代征部分）、车辆购置税、关税、海关代征的进口环节增值税等	城镇土地使用税、耕地占用税、土地增值税、房产税、车船税、契税、环境保护税、烟叶税等
共享收入		
（1）增值税（不含进口环节由海关代征的部分）	50%	50%
（2）企业所得税	中国国家铁路集团有限公司、各银行总行及海洋石油企业缴纳的部分	
	其余部分的 60%	其余部分的 40%
（3）个人所得税	储蓄存款利息所得的个人所得税部分	
	其余部分的 60%	其余部分的 40%
（4）资源税	海洋石油企业缴纳的部分	其余部分
（5）城市维护建设税	中国国家铁路集团有限公司、各银行总行、各保险总公司集中缴纳的部分	其余部分
（6）印花税	证券交易印花税部分	其余部分

经过 20 余年的实践，地方发展经济的积极性得到有效调动。国内增值税、企业所得税等主体税种由企业所在地政府按比例分享，提高了地方政府服务企业的积极性，推动了地方经济和全国经济的发展。基于地区间差异较大的国情，我国中央与地方财政具有共享收入占比较高的特点，共享收入中的增值税（国内）、企业所得税和个人所得税占全国三个税种收入的比重高达 62%。实施中央和地方大规模共享收入的做法，既体现了应对地区间发展不平衡的客观需要，也实现了中央与地方“共赢”。这与传统市场经济国家的安排有所不同，具有中国特色社会主义的分配特点，是中国特色政府间财政关系的成功实践。①

① 刘昆．十三届全国人大常委会专题讲座第十八讲——我国的中央和地方财政关系［EB/OL］．中华人民共和国财政部网站，http：//www.mof.gov.cn/zhengwuxinxi/caizhengxinwen/202008/t20200813_3567412.htm.

（二）省级以下税收管理初步规范

分税制改革以来，各地参照中央做法逐步建立健全省以下财政体制。明确划分地方各级政府收入范围，注重调动基层政府发展经济的积极性。规范省以下政府间财政事权和支出责任划分，为提高民生支出保障水平，强化了省级政府在医疗卫生、义务教育和社会保障等基本公共服务领域的支出责任。建立较为规范的省对下转移支付制度，引导财力向下倾斜，促进省内地区间基本公共服务均等化，提高省内地区间民生支出保障水平，着力增强县、乡政府提供基本公共服务能力。开展减少财政管理层级试点，推进“省直管县”和“乡财县管”改革，但在试点过程中要注意处理好与现行行政管理体制的其他关系。

根据国情需要，我国省以下财政体制实行统一领导、分级管理的基本原则，由省级政府在中央指导下，结合本地实际自行确定。在国务院统一领导的基础上，我国省级以下税收管理体制以“责、权、利相适应”为原则，坚持各级政府职能划分。国家的税收法规与税收制度等一律由中央统一规定，地方各级政府无权对某税种的开停征、税率调整、税目增减以及优惠政策等进行擅自改变；在此基础上，给予地方政府一部分税收减免权和一定的税率、税目调整权等，这样能照顾到各区域发展的不均衡性，促进地方经济与税收协调发展。划分税权与税收收入时需要充分考虑地方各级政府的事权与支出责任，应符合财与责相匹配原则。

随着我国分税制改革的不断深化，地方政府也在不断创新和完善省与市、县级之间的税收收入划分。省以下地方政府间税收收入划分主要采用分权的方式，但是各个省份不尽相同，目前，各地方政府并没有形成统一的税收收益权划分模式，而是开展了具有本地特色的实践。参考《地方政府税收分成、政府行为与地方经济增长》中 26 个省及自治区分税模式，将地方政府税收分享模式进一步归纳为以下三种模式，见表 5 - 4。

表 5-4 地方政府税收分享模式

分享模式	模式说明	采用该模式的省/自治区	效果分析
分税+共享	按照税种划分省级固定收入、市县级固定收入或者省市共享收入	19 个省/自治区，包括黑龙江、吉林、河北、广东、山西等	地方政府可以适应本地经济发展和税源结构变化情况，适时调整地方税收政策和税制结构，充分调动区域发展经济的积极性。但是，该种分税模式划归地方所有的税种一般存在税源不稳、收入总额较少且征收困难等问题。此外，该种模式会使地方税收增长缺乏弹性，市县级税收收入规模很难随着经济增长快速提升，造成市县级政府财政困难
分税+分成	在划分省级与市县级各自税收收入的基础上，省级将享有的税收收入划归为市县级政府所有，再按一定比例，将税收收入在省级与市县级之间进行总额分成或对财政收入增量按比例分成	7 个省/自治区，包括浙江、辽宁、山东、福建、河南、湖北和江苏	该种分税模式一般处于经济相对活跃的地区，对于征管水平要求较高
结合行业或企业隶属关系将上述两种模式相结合的模式	在按照“分税+共享”或“分税+分成”模式划分省级与市县级财政收入的基础上，再按照企业隶属关系或行业性质，将某些支柱型、特殊性行业或产业以及跨区域重点企业的税收收入全部划归省级所有，市县级政府不参与该部分收入的分享	16 个省/自治区，包括河北、江苏、山西、福建、四川等	该种分税模式可以加强省本级政府对企业的调控力，更易于征管。但是对于省级以下政府来说，以行业模式划分税收，往往只能征收到那些税收贡献额相对较小的企业，其税收收入规模有限，进一步导致其收入水平偏低

资料来源：鲍佳媚．我国省级及以下税收管理体制改革研究——以浙江省为例［D］．上海：上海海关学院，2018：14-15.

从表 5-4 分析可以看出，我国省级以下地方政府间税收收入划分基本采取共享方式。绝大多数省份将增值税、企业所得税、个人所得税和资源税纳入共享范围，采用共享方式分配的税种收入往往数额较大。也就是说，省级以下地方政府间选择共享的税种往往与中央制定的中央与地方共享税税种相似。

（三）税收管理机构设置基本健全

2018年，根据我国经济和社会发展及推进国家治理体系和治理能力现代化的需要，对国税地税征管体制进行了改革，现行税务机构设置是中央政府设立国家税务总局（正部级），原有的省及省以下国税、地税机构两个系统通过合并整合，统一设置为省、市、县三级税务局，在管理上接受双重领导，以国家税务总局为主，同时根据财政隶属关系接受省（自治区、直辖市）人民政府领导（见图5-1）。此外，另有海关总署及下属机构负责关税征收管理和受托征收进出口增值税、消费税等税收。

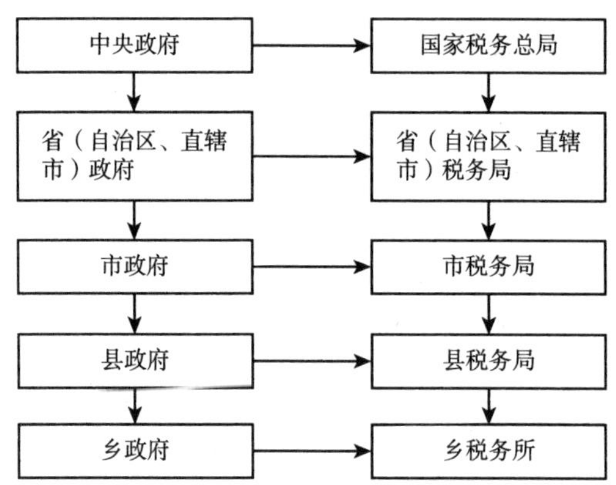

图5-1　我国税收管理机构设置

（四）税收征管不断完善

经过多年的改革和发展，我国目前在税收征管建设方面也取得了较好的成果，税收征管能力、质量和效率都不断提高，保障了税收收入的持续快速增长。

1. 税收征管制度不断完善

结合我国税收征管实际，国家税务总局重视税收征管制度的规范，以修订完善的税收征管法及其实施细则为依据，出台分税种征管制度、办法，如“营改增”过程中制定相应征管制度以规范实务征收管理。完善相关的部门规章以及规范性文件，征管制度体系基本形成。在税收征管体制改革的基础上，根据税收制度的变化、信息化手段的增强等转变，又进一步地进行相关改革，包括：加强税源管理；加大稽查力度，建立稽查执法办案责任制；优化纳税服务，采取“一窗式”服务，推行多种申报方式等，并进一步完善税收征管的组织结构、手段等一系列现代化税收征管的内容。

2. 税收征管信息化水平显著提高

税收征管信息化水平影响着税制设计，现代税收治理的核心是涉税信息的采集、分析能力。经过长期努力，我国税收征管信息化水平不断提高，税收征管从前台为主转向以后台为主，税务机关征管重点在于税源信息管理和纳税人行为管理。一是建立了依托互联网的涉税信息采集平台。税务机关依托互联网技术构建了由实体办税厅、网上办税服务厅（包括移动办税终端、自助办税终端等）的信息采集平台，将大量纳税人涉税信息与互联网技术相结合，加强涉税数据采集、管理，提升了税务征管效率。为纳税人提供便捷高效的纳税服务，同时也有效降低了征税成本。二是税收信息分析能力显著提高。利用互联网技术和大数据分析技术，税务机关已经建立了涉税数据的存储、加工、分析中心，对海量涉税数据进行深度挖掘，发挥大数据平台在数据查询、数据处理、数据关联等方面的优势，不断提升信息处理能力，强化税源管理和风险管理。有关税收信息现代化建设的阐述，将在第六章深入展开。

第二节　推进地方税收征管体制改革的必要性

一、推进地方税收征管体制改革的必要性分析

地方税收征管体制对于完善地方税体系的重要性，可以从以下三个方面

来分析。

（一）地方税收征管是完善地方税体系的基础

完善的税收制度包括税收收入制度和税收征管制度，二者相互依存、相互制约，组成有机整体。税收收入制度的复杂程度决定了税收征管的难度，税收征管是税收制度实现的基础，是保证税收收入实现的有效手段。结合我国国情，我国目前的税收管理能力还有待进一步提升，因此，税收制度的改革必须有相应的税收征管制度相配套，确保税收政策的变化与管理能力相协调。地方税收制度的改革也应二者并重，在进行税收收入制度改革的同时也要关注税收征管制度的相应调整，否则将会导致地方税整体功能下降。因此，在新时期的地方税体系建设中，应统筹谋划地方税收收入制度和地方税收征管制度的相互适应、相互协调，避免因税收征管制度改革不到位而降低税制改革的整体有效性。

（二）地方税收征管是完善地方税体系的必要选择

我国的国家治理实行纵向两级管理，一级是中央层面的，另一级是省、市、县地方层面的。按照两级分权思路，地方税是地方财政收入的主要来源，是地方治理的重要基础和手段，直接影响到地方政府的治理能力。地方税收征管能力是地方治理能力的重要方面，地方治理能力的提升需要税收征管能力有相应的提高，如个人所得税的征收管理需要有强大的自然人涉税信息，包括其家庭信息、住房信息、社保信息等，这些都需要先进的税收征管系统支撑。因此，地方税收征收管理是在国家治理的两级分权架构下完善地方税体系的必要选择。

（三）地方税收征管符合地方税特点的需要

从地方税的特点来看，目前属于地方税的城市维护建设税、房产税、城镇土地使用税、土地增值税、车船税、契税、耕地占用税、烟叶税、资源税、（一般）印花税等税种，除了城市维护建设税等税种外，大多属于收入零散、规模相对较小的税种，且征管难度大。同时，上述地方税在不同地区的税源和税基等方面还存在着较大的差异。例如，个人所得税和房产税的税源在发达地区与不发达地区之间就有着较大差别。此外，随着国内税收制度的变革，地方税的征管重点与难点逐步由主要面向企业向主要面向个人或家庭转变，在这种情况下，针对财产征收的相关地方税，如车船税、房产税等税种在征管上的难度也相应增加，这也为地方税收征管带来了挑战。因此，有必要加快推进地方税收征管改革，提高地方税收征管能力。

二、完善地方税收征管体制的要求

完善地方税收征管体制的目标，是要建设与现代地方税收体系相适应的征管体制，合理设置地方征管机构，合理划分省、市、县的税收征管权，促进地方治理现代化。为了实现这个目标，地方税收征管要满足以下要求。

（一）地方税收征管体制应能够满足地方税的需要

税收收入制度与税收征管制度之间应该相协调和适应。即税收征管体制建设应能支撑税收制度的改革，当地方税制度进行改革时，应进行相应的地方税收征管体制改革。如果不考虑税收征管能力这个基本条件，只是从地方税体系优化的角度去设计一些税种制度改革，即使制度能够设计出来，也是难以实施的。地方税体系的建设，以及地方税收制度和税收政策的制定应有与之相匹配的地方税收征管体制建设，地方税收制度设计和税收政策目标的设定不能脱离税收征管能力来进行，不考虑征管能力的约束将会导致政策目标难以实现或政策效果的减弱，甚至可能适得其反。

（二）地方税收征管应能够实现较好的管理效果

地方税收征管体制的改革和完善，应首先立足于实现税收征管的基本目标，即提高税法遵从度和实现征纳关系的和谐。能否有助于提高税法遵从度，是评价地方税收征管模式的重要方面。税法遵从度需要法律制度的完善、纳税意识的培养，也需要纳税人能够及时、完整地获取税收政策、办税流程等，能够公平地享受税收优惠以及纳税服务，遵从度较高的纳税人能得到更好的纳税指导和服务，同时有严格的征管稽查作为监督，能有助于提升纳税人的税法遵从度。税法遵从度的提高，能够促进纳税人自行申报纳税质量的提升，这样既减少了纳税人的税收风险，也减少了税务机关的执法风险。

（三）地方税收征管应具有较高的管理效率

地方税收征管在提高征管质量和效果的同时，还需要强调效率，即降低税收征纳成本。我国地方税务机关的组织机构设置还需要优化，目前地方税务机关公务员人数庞大，原因之一就是地方税收征管效率不高。通过采用互联网技术等先进的征管手段，加强信息现代化建设，重构税收征管流程，大力发展网上服务厅，通过网络服务进行纳税宣传，纳税人足不出户就能纳税，节约了纳税人的成本。推行智能税务、智慧税务，将一些重复、简单的涉税事项交给智能自助窗口办理，这样使得税务机关的工作人员把更多精力投入信息分析、税源管理、风险防控等工作，降低了税务机关征收成本。

第三节　现行地方税收征管体制存在的主要问题

根据《深化党和国家机构改革方案》，省级和省级以下国税地税机构合并，继续完善税收结构布局和力量配置，构建优化高效统一的税收征管体系。在税收征管能力和水平不断提高的同时，从地方税收征管的角度来看，还存在着以下问题。

一、地方税收分享体制有待健全

地方税收分享体制作为地方税体系构建的重要前提，包括地方税种以及共享税种在内的所有能为地方政府筹集税收收入的多税种的有机组合。从地方税的税制结构来看，地方政府缺乏主体税种，对共享税收依存度较高。从表5－5可以看出，2018年地方税收收入主要依靠国内增值税、企业所得税、契税、土地增值税、个人所得税以及城市维护建设税。这些税收占地方税收收入的86%，这也从侧面说明了地方其他税种的财政贡献不足。增值税（国内）、企业所得税、个人所得税一般是地方各层级政府的共有税种，且占地方税收收入的比重高达65%。地方各层级政府之间的税种共享，税源结构同一，不利于地方财政的稳定性，也容易造成各级政府之间对税收的争夺。

表5－5　　2018年地方税收收入项目结构

税种	数额（亿元）	占比（%）
国内增值税	30777.45	40.60
企业所得税	13081.60	17.26
契税	5729.94	7.56
土地增值税	5641.38	7.44
个人所得税	5547.55	7.32
城市维护建设税	4680.67	6.17
房产税	2888.56	3.81
城镇土地使用税	2387.60	3.15
资源税	1584.75	2.09
耕地占用税	1318.85	1.74
印花税	1222.48	1.61
车船税	831.19	1.10
烟叶税	111.35	0.15
其他税收收入	0.04	0
合计	75803.41	100

资料来源：国家统计局网站。

二、地方各级政府间税收分享机制不合理

目前，共享税收入是地方政府税收最主要的来源，特别是增值税和企业所得税的地方共享部分。2018年，地方政府取得的增值税、企业所得税收入

之和占当年地方税收收入的比重高达57%，这表明地方税收收入对共享税的高度依赖。但是，在共享税税收分享机制的设置上，我国采取的是中央与税收缴纳地政府进行税额分享的方法，这种分享方式简单、易于操作，但并不合理。这种情况同样存在于省级及省以下政府税收分成方面。以贵州省为例，表5－6列明了2018年贵州省省级及以下各级政府各自的主要税种税收收入。其中，增值税（国内）、企业所得税、个人所得税、资源税主要由省级及省以下各级政府分享；城市维护建设税主要由地市级、县级、乡镇分享，省级所占比例极少；房产税、契税、土地增值税等由地市级、县级、乡镇分享，省级不参与分成。

表5－6　　2018年贵州省各级政府主要税种税收收入明细

税种	合计数	省级	地市级	县级	乡镇
主要共享税					
增值税（亿元）	486.39	112	114.63	202.92	56.84
企业所得税（亿元）	184.46	85	30.04	60.64	8.78
个人所得税（亿元）	69.30	13.86	16.25	33.74	5.45
小计（亿元）	740.15	210.86	160.92	297.3	71.07
占本级收入总额比例（%）	—	95.17	17.48	57.02	59.23
其他税种					
资源税（亿元）	32.60	10.63	4.82	8.57	8.58
城市维护建设税（亿元）	85.53	0.07	31.49	44.76	9.21
房产税（亿元）	35.36		0.42	30.03	4.92
契税（亿元）	96.11		23.25	62.68	10.18
土地增值税（亿元）	98.34		4.24	78.05	16.04

资料来源：《贵州统计年鉴2019》。

由表5－6可以看出，增值税（国内）和企业所得税、个人所得税这三种地方共享税是贵州省省级和省级以下各级政府共同的主体税种。可能导致两方面问题：一是省级政府与下辖市、县级政府税收的主体税种一致，而这三种税税基流动性较强，税源普遍跨区域，会导致各级政府在征税时争夺税源，可能会影响到企业的选择，进而影响经济发展，最终导致税收流失。二是会导致市、县级税收收入不稳定。市、县级税收来源如城市维护建设税、契税、土地增值税等其他税种的实施受宏观政策影响较大，每年波动较大，税源不够稳定。而市、县级税收的50%以上是来源于主体共享税，但决定共享税分成的税种、共享分成比例等，是由省级政府依据发展需要统筹确定，市、县级政府处于被动接受地位。这样不利于市、县级政府对税收的预判，进而影响市、县政府提供公共服务支出的安排。

三、省级以下各级政府的税收收入影响其财力和事权的匹配

省级以下政府根据其职责承担着一定的事权，主要服务于当地社会经济发展，目前，省级以下各级政府的税收收入影响了其财力与事权的匹配。省级以下各级政府的固有税收税种数量有十几种，但这些税种的税收总量有限，而且税源较分散，相应征管的难度比较大，这些大多是税收收入金额相对较小的小税种。省级以下政府的共享税又主要受省级政府决策的影响，省级政府主导省级及以下地方政府间税权划分的政策制定，包括对于分成税种的设立以及分成比例的制定等。当市、县、乡地方政府的财力与其事权不相匹配，且差距较大时，可能会导致地方政府滥用收费权，开征一些强制性收费或基金，会增加企业负担，同时也影响政府公信力；地方政府的财力与其事权不相匹配时，也可能导致地方政府债务的增加。

四、地方税收征管有待完善

从征管理念、组织职责、征管程序、信息化手段等方面看，现行地方税收征管还存在着有待完善的地方。一是地方税收征管流程还需优化。目前的税收征管模式主要是基于征管部门征税的需求，金税工程建设也是从税务机关征管角度提出软件需求。随着科技的发展和纳税人依法纳税意识的提高，税务总局对税务机关提出了更高的服务要求，因此，地方税务征管模式应对征管流程进行优化，在保障信息安全的前提下，优化流程、简化流程，为纳

税人提供便捷的纳税服务。二是地方税收征管信息化建设和应用不足。我国正在积极开展基于互联网的税收信息化建设，需要一定硬件设施投入，但县、乡税务机关的硬件建设还不足。信息化建设的重点是对数据的分析应用，这需要相应的技术人才和分析工具，而地方税务机关对涉税信息的分析和应用还有待加强。三是地方税务征管人才建设还有待加强。税务机关整体人力资源建设较好，但地方税务机关人力资源建设还有待加强。随着税务征管信息化建设的需要，高层次专业化人才比较匮乏。纳税人依法纳税的意识增强了，也要求税务人员严格依法征税。随着税务机关加强了政策的宣传解读，纳税人获取税收政策的渠道更广泛，许多纳税人借助税务专业机构进行税务事项的处理；随着纳税人自主申报能力的提高，地方税务部门仍有一部分税务人员的专业水平难以满足工作需要。另外，在现实税收执法领域，出现了“同案不同罚”“人情罚”等现象。目前，税务机关人力资源整合统筹不够到位，机构设置和干部奖惩机制还有待完善。

第四节　建立科学高效的地方税收征管体制的基本对策

国内经济社会的阶段性发展和税制改革新趋势对税收征管的改革提出了新要求。税源状况不断变化，如纳税人数量急剧增长，纳税人的经营方式、经营业务日益复杂，大型企业集团多元化管理目标等都对税收征管服务提出更高要求；新一轮信息技术革命对税收征管提高信息管税水平奠定了基础，企业经营和管理的电子化与电子商务飞速发展，又给税收征管带来严峻挑战。

一、深化财税体制改革

习近平总书记在党的十八届三中全会上指出，“财政是国家治理的基础和重要支柱，科学的财税体制是优化资源配置、维护市场统一、促进社会公平、实现国家长治久安的制度保障”，要求“加快形成有利于转变经济发展方式、有利于建立公平统一市场、有利于推进基本公共服务均等化的现代财政制度，形成中央和地方财力与事权相匹配的财税体制，更好发挥中央和地方两个积极性”。习近平总书记在党的十九大报告中强调：“加快建立现代财政制度，建立权责清晰、财力协调、区域均衡的中央和地方财政关系。”党的十九届四中全会进一步要求：“优化政府间事权和财权划分，建立权责清晰、财力协调、区域均衡的中央和地方财政关系，形成稳定的各级政府事权、支出责任和财力相适应的制度。”习近平总书记关于中央和地方财政关系的重要指示，是习近平新时代中国特色社会主义思想在经济领域的重要内容，也是在财税领域的具体体现，为我们加快完善中央和地方财政关系指明了方向，提供了根本遵循。

财政部部长刘昆在十三届全国人大常委会专题讲座《我国的中央和地方财政关系》中指出，不断调整完善中央和地方财政关系，加快建立现代财政制度。并强调在财税体制改革方面重点推进以下工作：健全地方税、直接税体系，完善以共享税为主体的收入划分模式；完善共同财政事权体系，强化中央财政事权和支出责任；规范省以下财政体制，构建从中央到地方权责清晰、运行顺畅、充满活力的财政保障体系；积极配合立法监督，提高中央和地方财政关系规范化、法治化水平。国家经济发展水平和税收征管技术等多种因素影响和决定着国家税制结构，在税收征管手段日益先进的基础上，深化财税体制改革，提升个人所得税、财产税等直接税的税收收入比重。通过先进的税收征管技术，税务机关能够获取社会公众的财产信息，识别潜在纳税人，进行纳税稽查。纳税人获取涉税信息的方式渠道更加广泛，能够更便捷地了解税收政策，增强纳税人主动申报纳税的积极性。在此基础上，加强政策宣传，培育税收文化，营造税收环境，也会进一步为税制改革提供保障，达到税收征管水平现代化，从而实现深化财税体制改革的目的。

二、继续深化省以下税收划分体制

由于各市、县在资源条件、发展重点、生态环境、基础设施等方面存在较大差异，因此，省级以下各级政府的税收划分应符合当地实际情况，依据各地的特点而定。省级政府制定本级对下税收分成制度安排时，可以依据财政自给率，一方面结合地方税源状况，另一方面也要把握好“度”，依据如何使地方政府更好地因地制宜提供当地所需的公共服务而确立合理事权，综合省内实际情况合理选择税收划分模式，并适时调整。地方税收的分成制度应体现差异化和精细化，在省政府确定省内税收划分类型、分成比例的基础上，适当赋予市、县级政府更多财税自主权，保障市、县级政府的财政收入。

三、不断增强征管能力

国税、地税的机构合并，解决了原有国税、地税机构分设带来的众多问题，但仍有必要进一步加快税收征管改革，增强征管能力。考虑到国内各地区经济社会发展不平衡和差别过大的问题，在具体的税收征管模式上不建议实行“一刀切”，而针对地方的不同特点，允许各地积极探索和建立适合本地区实际情况的征管模式，实行灵活多样的税收征管模式。按照所确定的税收征管模式，在管理方式、征管程序、纳税评估、税务稽查、税源管理运行机制和征管质量控制等方面加大改革力度。

一是规范税收征管程序。地方税务机关目前的税收征管程序是基于征税角度进行设计的，从谨慎性出发，设计了非常严格的审批或前置条件。随着国务院推进的行政审批制度改革，地方税务机关应通过行政审批制度的改革，增强纳税服务意识，从征纳双方角度，规范、重构税收征管程序，将现有征管业务进行分类，对不存在审批实质或审批流于形式的部分征管业务从审批管理转为核准管理、备案管理或由纳税人留存备查管理。另外，在地方征管实践中，应严格规范核定征收程序，鼓励纳税人自主申报，使纳税人成为自主遵从税法的主体。

二是推进分类分级管理。根据纳税人的类型特点，按照纳税人经营规模、纳税信用、所处行业等，对税源进行科学分类，根据不同类型纳税人的征管特点采取相应的管理措施。抓好重点税源管理，针对信用等级较好、税法遵从度高的纳税人，加强纳税专业服务；针对不同经营规模的企业制定分行业税收管理指南，强化对大企业和中型企业税源监控和评估；针对税源分散、征管情况复杂的个体工商户，探索集约化、社会化的税源管理方式，加强宣传指导，因地制宜做好中小微企业、个体工商户和自然人等纳税人的税收征管；加强免税组织、政府机构以及电子商务税收管理，尤其加强对网络销售平台、网络直播、微商等新生经济业态的征管研究，这些新业态跨域、虚拟的特点，对基于经营地点、税源归属等传统征管模式提出了挑战。

四、完善税收征管法律制度体系

一是加快推进税收征管法的修订。继续优化纳税人识别号制度，完善纳税人自行申报制度，尤其是个人所得税修订后，需要持续优化自然人的税收征管措施，鼓励自然人通过个人所得税 App 进行个人税前法定扣除申报、年终汇算清缴申报以及补交或退税申报。不断完善纳税人权利体系，从各方面减轻纳税人负担，如简化流程、审批材料无纸化、取消先缴税后复议等纳税人权益保护体系，规范税收征管基本程序。结合税收征管法的修订，推动《中华人民共和国税收征收管理法实施细则》的修订。

二是完善其他税收征管法规制度。首先，赋予税务机关更多获取纳税人涉税信息的权利，如对自然人的财产信息、家庭收入、家庭负担等信息的采集不够，为配合税制改革进程，提升征管质量，应明确税务机关对自然人信息获取的权利，同时强调相关部门单位的责任，明确规定所有与税收工作相关部门有提供涉税有关数据不可规避、不可拖延和不可免责的义务，同时要加强信息安全管理，明确保密责任，畅通政府职能部门间的涉税信息传递渠道，消除信息孤岛。其次，给予电子发票合理地位，针对电子发票普及率低、入账难、报销难等制度问题，应从制度和技术两方面对电子发票制定相关法律保障，赋予电子发票与传统纸质发票同等的法律地位，设立全国统一的电子发票管理系统，成立电子发票管理机构，尽快制定电子发票规范体系，明确电子发票应用标准。最后，在现有法律体系中增加涉及纳税人权利保护的相关法律，应当明确纳税人权利的具体内容、行使权力的方式，同时也应当明确纳税人权利无法得到保障时的救济措施，切实保障纳税人履行义务的同时其权利也能得到充分保障。

五、加强税收征管信息化建设

全面推行并进一步完善金税四期工程建设，加强信息体系建设。在金税四期工程的基础上，继续推进信息管税，打造全新的增值税发票管理系统，加快地方税收征管信息系统的建设。一是拓展信息化管理数据采集基础。税务部门目前已基本实现各项管理和税务职能的信息化运作、内部数据储备和部分外部数据储备。包括纳税人申报信息、内部机关各类业务信息、第三方涉税信息等，一套初步完整的具有法律保障、技术支持、安全防护的收集机制已经初步建立。通过计算机对互联网大量信息进行高效收集和筛选，拓展互联网涉税信息获取渠道，多方面分析过滤，使之成为税务部门有价值信息。二是加大推进信息共享力度。收集各类数据资源，归集整理、比对分析，实现数据的深度增值应用，提高税收治理能力。整合税务系统中纳税人基本信息、申报和发票等数据，满足部门间的信息共享需要，促进政府部门社会信用、宏观经济、税源管理等涉税信息共享。三是深化涉税信息的加工分析和应用。纳税人群体数量巨大，将会带来海量的涉税数据。这就需要税务部门使用大数据技术来强化税源管理和风险管理在现代征管体系中的核心作用。整合内、外部税源信息，将高收入人群作为重点税源，开展税源的精细化管理。依托大数据平台收集纳税人税务登记、税种鉴定、发票等各类信息，全面掌握评定对象基础涉税数据，对疑点信息进行案头细化和加工分析，制定个性化的案头审核内容和目标，有效指导风险应对过程。

第六章
以“互联网+”为依托的地方税收信息现代化建设

云计算、大数据、移动互联网、物联网等信息通信技术的快速发展，使各行业与网络技术的应用关系越来越密切，“互联网+”各种平台更是加快了信息现代化的步伐，也为行政事业单位提高行政效率提供了创新渠道。我国在2015年“两会”上正式提出了“互联网+”概念，国家税务总局依据中央的部署，制定发布了《“互联网+税务”行动计划》，积极推动互联网与税收治理现代化的深度融合。税收信息现代化建设作为税收管理系统的技术革命，必将促进我国税收制度、税收征管模式的创新发展。

第一节　税收信息现代化建设的发展与现状

一、地方税收信息现代化的发展历程

税收信息现代化体现为三个层次，如图6－1所示。

为落实国务院、国家税务总局税收信息现代化的决策部署，我国地方税务机关积极开展创新实践。从建设进程角度来看，我国地方税收信息现代化

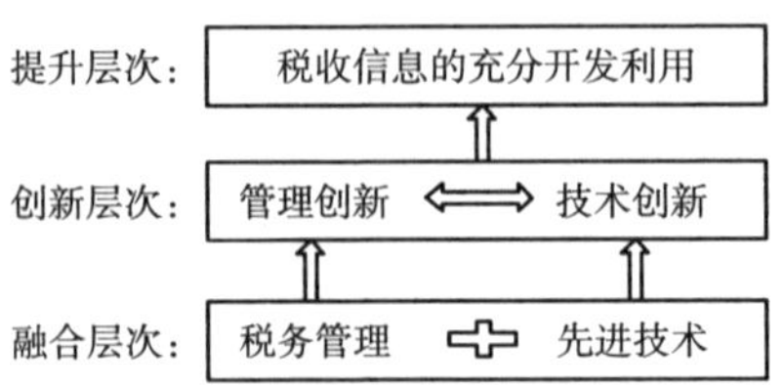

图 6-1 税收信息现代化的三个层次

建设大致经历了三个阶段，即：起步阶段、整合阶段、提升阶段。

1. 起步阶段（1982~1993 年）

从 1982 年开始，在财政部税务总局的号召下，一些地方税务机关开始将计算机引入税收日常工作中，进行积极的信息化探索。重视信息化硬件建设和人才建设，至 1989 年，税收信息化投入的计算机 5000 多台，培养税收信息化专业人员 3000 多人，而截至 1993 年底，硬件投入小型计算机 60 台、微型计算机 20000 台，有 21 个省（市）提高了税收征管软件的技术性能，18 个省级单位自行研发了适合本区域征管的税收软件，为税收信息化建设打下了一定基础。[①] 同时，加强宣传，积极培养基层税务机关工作人员的信息化应用意识，见表 6-1。

表 6-1 地方税收信息现代化起步阶段的主要内容及特点

时间	税收信息现代化建设工程	主要建设内容	实施路径	信息现代化建设特点
1983~1986 年		地方税务机关开始将计算机引入税收日常工作中	湖北、广东、福建等地的税务机关进行了积极探索	主要是使用计算机进行税收计划、会计、统计等简单的计算汇总工作
1987~1989 年		税收信息化软件的开发和实施取得一定成果；实现了总局向省（自治区、直辖市）以及计划单列市局的远程数据传送	各地税务机关开发了多种信息化软件，如会统报表处理、征收管理等，并在不同程度上进行推广和应用	一是重视信息化硬件建设和人才建设，为税收信息化建设打下了一定基础；二是以基层税务机关对各项软件系统的应用效果为抓手，注重计算机应用意识的培养

① 国家税务总局办公厅. 全国税务系统信息化建设工作手册［M］. 北京：中国税务出版社，2002：38-40.

续表

时间	税收信息现代化建设工程	主要建设内容	实施路径	信息现代化建设特点
1990 年	全国税务系统第一次计算机应用工作会议在广州市召开	提出了我国实现税务管理现代化建设的总体目标	各地税务机关积极开展信息化实践	加强信息化制度建设，国家税务局制定了《税收征管软件业务规范》《税务系统计算机应用工作规则（试行）》等一系列规范，为税收信息化奠定了制度基础
1991～1993 年	建立“金关”工程	国家税务局同海关和外汇管理局协作，建设出口退税管理信息系统	为地方税务部门与其他涉税部门之间的信息共享提供了一个典范	在出口退税领域深入应用网络技术，推进信息化建设

2. 整合阶段（1994～2000 年）

该阶段的主要特点是着力打造金税工程建设，金税工程的全称为中国税收管理信息系统（CTAIS），是国家电子政务“十二金”工程之一，将涉税开发的软件系统、硬件系统、网络平台等进行有效整合，其目标是实现各税务机关信息互联与共享、各项管理工作信息化与专业化，重点是对增值税专用发票的监管。本阶段的发展见表 6－2。

表 6－2　地方税收信息现代化整合阶段的主要内容及特点

时间	税收信息现代化建设工程	主要建设内容	实施路径	信息现代化建设特点
1994 年	金税一期工程试点	组织实施增值税交叉稽核系统的建设	在 50 个城市进行试点	先试点，探索经验，再完善推广
1995～1997 年	金税一期工程完善推广	建立增值税稽核系统、防伪税控系统以及税收收款机系统	突出了“以计算机为依托，集中征收、重点稽查”的征管模式	推动税收征管改革。加强信息化基础设施建设，包括计算机硬件建设以及计算机网络建设
1998～2000 年	金税二期工程建设并不断完善	建立增值税防伪税控开票子系统、发票认证子系统、增值税计算机稽核子系统以及发票协查子系统	形成了从总局到省、市、县局的四级广域网，构建了各级国税系统之间的网络通信平台	重构了税务征管流程，提高了税务征管质效，提高了税务人员的信息化意识和业务水平

3. 提升阶段（2001 年至今）

该阶段的主要特点是提升金税工程建设，见表 6－3。

表 6－3　　　地方税收信息现代化提升阶段的主要内容及特点

时间	税收信息现代化建设工程	主要建设内容	实施路径	信息现代化建设特点
2001～2005 年	提出金税三期工程建设整体构想，做前期准备	整合信息资源，扩大了数据集中的范围，提高了涉税数据信息的分析和利用率	整合了税收征管、出口退税管理、增值税管理三大系统，实现主要税收业务数据的集中分析和利用	税收信息化建设的里程碑——建立了统一规范的省级系统
2006～2008 年	启动金税三期工程	相关部门进行方案设计以及投资概算等工作		
2009～2012 年	金税三期工程开始全面建设	加大基础设施建设	完成了基础设施建设工作，包括试点单位的计算存储，应用软件的开发、测试	提升基础设施
2013～2014 年	金税三期工程建设第一阶段成功验收	开展试点，在试点过程中不断改进完善应用系统并扩大试点范围	主要应用系统在重庆、山东、山西国税地税成功实现单轨上线运行	税收信息化建设的集成整合
2015～2016 年	金税三期工程优化版应用系统上线	金税三期工程完成在全国范围内的上线运行	分批在各省单轨上线运行	纳税人可享受多元化办理渠道和办税服务，国税地税联合办理事项大幅扩容
2017 年至今	完成金税三期工程第二阶段的建设工作	金税三期系统已在全国各省市正式上线运行	完成税收信息化建设的集成整合阶段，并向协同提升阶段迈进	税收信息化的协同提升，促进了政府部门间信息共享和协作，提高了国家电子政务建设水平

二、“互联网＋税务”是税收信息现代化的管理创新

（一）“互联网＋税务”的基本内涵

“互联网＋税务”是以推动税收治理现代化为目标，将互联网技术应用于

税收征管，重构征纳流程，实现便捷征管、便捷办税，提高税收征管质效。国家税务总局制定的《“互联网+税务”行动计划》中，将计划分为五大板块、二十项重点行动，包括将互联网与征收管理工作融合的应用广场、在线受理；通过互联网平台为纳税人提供了更加实用、便捷服务的在线申报缴税、自助申领、移动开票和便捷退税，降低了纳税人的操作成本；详细的税务学堂和智能咨询为纳税人答疑解惑，引导纳税人规范操作，同时也节约了征管成本；纳税人可以通过发票查验、监督维权、信息定制等享受到税务部门智慧税务的高效服务。税务部门与工商部门实现了涉税数据共享，同时利用计算机技术进行涉税大数据挖掘，提升信息的使用效率，通过智慧云服务、移动办公等在线服务为纳税人提供全天候高效征管服务，也节约了纳税人的纳税成本。

（二）“互联网+税务”的创新特点

1. 适应了税收治理现代化提出的新要求

随着互联网技术的高速发展，商品交易向虚拟化发展，支付结算催生了微信、支付宝、银联等互联网金融，互联网技术的发展也促使了发票、账簿等会计事项向无纸化发展，传统的税收管理方式难以应对大量的涉税信息。同时，纳税人交易场所的虚拟化，对传统的税收属地管理模式带来了更大的冲击。“互联网+税务”不仅仅是将税务征管方式方法照搬到互联网上来，更是进行流程重构，简化征管流程，通过互联网技术，进行系统内信息共享，向纳税人提供便捷的征管界面，同时要突破现有数据分析片面孤立的束缚，通过平台充分拓展税收数据功能的运用，以实现税收数据的智能分析为目标，实现全面、及时、精准、可追踪且相关联的综合税收数据分析。因此，“互联网+税务”是顺应税收治理现代化的新要求进行的税收管理模式创新，既有效提升了税收管理效能，又提高了纳税服务质量，实现了信息的充分交流和利用。

2. 满足了纳税人个性化需求

随着互联网技术的发展，人们的沟通交流及支付结算手段日益多样化、便捷化，因此，纳税人对税务部门的纳税服务也提出了更高的要求。随着网络信息化的应用，纳税人获取涉税政策、涉税信息资料的途径日益多元化，这也促进了纳税人整体纳税素质的提高，包括维权意识越来越强、对税务机关的服务要求也随之增加，希望简化纳税环节、提供多种便捷纳税方式、时间更加符合纳税人个性化需求等，更加关注涉税权益以及国家的税收环境，纳税人涉税需求的个性化日益彰显，与税务部门多途径沟通的愿望增强。“互联网 + 税务”正是满足了纳税人个性化需求，提升并优化了纳税服务。

3. 提高了对涉税大数据的处理能力

随着我国经济发展，纳税户数量大量增加，原有的税收信息系统受技术所限，无法满足数据处理需求，尤其在用户访问的高峰时段，信息处理能力遇到瓶颈，税务机关和纳税人操作的等待时间延长。“互联网 + 税务”提高了涉税信息技术支撑的标准，利用云计算技术、共建共享系统基础设施资源，极大地提高了对涉税大数据的处理能力、处理速度，税务机关和纳税人的操作时间大大缩短。在采用新技术的同时，重视融合税收业务与信息技术并进行创新，运用大数据处理技术，不仅提高了税收风险的识别精准度，还促进了风险的分类分级监控，实现了对税务风险的精准识别与应对。

4. 创新征收管理模式

“互联网 + 税务”推进了征收管理模式的创新，表现在以下三个方面：首先，建立开放共享的大数据管税信息库，以大数据为基础，通过数据采集、整理、加工，逐步建立贯穿税收各方面管理的智能管理体系。其次，创新交互式征收管理平台，利用互联网的便捷优势，实现征纳双方的信息快速交流，有效提升税收决策的科学化和税收治理的精准化。最后，构建一体化的综合治税管理体系，利用云技术实现涉税信息在不同层级、不同部门间的共享与分析，治税方式由侧重政府主导转向注重社会协同治理。

第二节　“互联网 +”地方税收信息现代化经验借鉴

各地税务机关积极开展“互联网 + 税务”税收信息现代化实践。2015 年

1月8日，“金税三期”工程应用系统优化版上线启动仪式在国家税务总局数据中心（南海）和广东南海税务信息处理中心数据楼举行，标志着“金税三期”工程应用系统优化版正式启用。同时，河北省国税系统构建的“智慧云办税厅”（以下简称“云办税”）也极大地促进了税收信息化建设实践。

一、广东省税收信息现代化的发展经验

2015年，中共中央办公厅、国务院办公厅印发《深化国税、地税征管体制改革方案》（以下简称《深改方案》），提出了“到2020年建成与国家治理体系和治理能力现代化相匹配的现代税收征管体制”的改革目标。2017年，国家税务总局进一步提出要以推行纳税人自主申报纳税、提供优质便捷办税服务为前提，以分类分级管理为基础，以税收风险管理为导向，以现代信息技术为依托，推进税收征管体制、机制和制度创新，努力构建集约高效的现代税收征管方式。① 广东税务系统以“互联网+税务”为主线，明确提出要加快构建电子化办税、大数据管控、全过程服务、智能化提升的基于互联网生态的新型征管模式。

（一）加强信息化建设，推进税收治理现代化

广东省税务机关的信息现代化建设走在全国前列。

一是深度参与“金税三期”工程的优化。在全国率先上线“金税三期”工程优化版应用系统，实现了从省级大集中向全国大集中的平稳过渡，为“金税三期”工程全国上线提供了有益经验。同时，提供了一体化运维模式，在全国率先推出了基于“金税三期”工程的办税指南和业务指引，建立政策调整的同步宣传解读、同步调整信息系统、同步调整指南指引的工作机制，打造“集智众创”的业务保障平台，初步建立了税收征管的业务保障体系。

二是建设电子办税体系，走在全国税务系统信息化的前列。打造“网上

① 国家税务总局关于转变税收征管方式提高税收征管效能的指导意见，2017年。

办税为主、移动办税为辅、自助办税为补”的电子办税服务体系，联合国税与腾讯公司签署“互联网+税务”战略合作协议，积极打造“智慧税务”。联合国税共同建设并上线运行全国首个国地税共建电子税务局，实现主附税联合申报等1000余项国地税业务网上通办，真正实现了纳税人“上一个网、办两家事”。打造全国首个省级微信办税体系，具备6类71项功能，实现了纳税人办税足不出户。此外，在全国率先推出电子税票开具服务、个人完税证明等纸质证照邮寄配送服务、“银税互动”金融服务、“税保合作”服务、残疾人税收减免服务、房地产交易智能办税服务等，促进电子办税服务水平不断提升。

三是推进税收管理水平智能化提升。建设全省统一的数据资源库和数据综合应用系统，形成“用数据说话、用数据决策、用数据管理、用数据创新”的管理机制。建设全省办税服务综合管理系统，构建广东纳税服务能力模型，运用大数据分析、优化纳税服务能力。与广东省国税局共建共用“广东省大企业税收服务与管理系统”，形成全省上下联动、国地税协动、税企互动的立体化运行机制，实现大企业服务与管理效能的最大化。上线“稽查一体化平台”综合办案取证系统，运用移动互联网和大数据技术，推动稽查工作由传统的纸质稽查模式向移动稽查和互联网稽查模式转变。

（二）税收信息现代化助力优化税收营商环境

主要表现在以下三个方面：一是做好税收信息化基础工作。全面推行商事登记制度改革，全面推行“三证合一”“五证合一”，为税收信息化打好数据基础。二是信息化助力税务稽查。推进稽查现代化，坚持“做强省级、做实市级、调整优化县区级稽查机构”改革路径，实施“市一级”稽查综合改革试点。探索实行不确定事项报告制度，探索提高纳税人对税收稳定性预期，提升税法遵从度，促进诚信体系建设和分级分类信息化改革。三是信息化助力提升服务。深入开展“便民办税春风行动”，推出办税免填单、无纸化办理、简并申报次数等信息化服务措施，减轻纳税人负担。以落实国地税合作规范为契机，打造特色服务、税收征管、规范执法、信息共享、大企业税收管理和服务以及国际税收管理；利用信息技术推动办税便利化改革，全面实施办税事项全省通办，纳税人可突破属地办理限制在公告授权的262个全省通办办税服务厅办理涵盖5大类49项333个具体涉税业务。

（三）税收信息现代化助力提高税收征管效能

广东省税务机关通过以下四项措施提高征管效能。

（1）利用信息化重构办税流程。国家税务总局广东省税务局在国税地税合并后，及时整合原国税地税办税信息系统，并印发《国家税务总局广东省税务局关于做好国税地税征管体制改革过渡期有关税收征管工作的通知》，利用信息系统重构办税流程，纳税人通过信息系统上传涉税信息，税务机关实现由事前审核向事中事后监管转变，重点关注资料表单程序不规范和税收流失等问题，提升纳税人税法遵从度，构建征纳风险管控体系。

（2）建立大企业税收管理体系，加强加快实现固定管户向分类分级管户转变。提升大企业管理层级，建立市县级大企业管理机构，将占全省税收收入60%的总局千户集团、省级大企业、市级大企业纳入新模式下大企业税收管理体系，加大集团企业数据分析力度，为大企业提供个性化服务。

（3）运用大数据实现无差别管理向风险管理转变。探索开展AI风险识别、遵从评价等大数据管理手段，完善风险管理制度，全面提升纳税遵从水平。利用信息化平台搜集的涉税数据进行大数据分析，优化推广税收风险管理系统，实现风险任务管理的标准化、痕迹化、可量化，推进优秀风险指标模型共享共用，提升全省风险识别精准度。

（4）加快实现经验管理向大数据管理转变。探索建立数据管税机构，省局增设数据应用管理处，各地市建立数据和风险管理专业团队。在全国较早开展数据治理规划，规划了未来五年数据治理蓝图，确立了“用治互促”数据管税思路。推进数据综合治理，开展数据资产整理、数据质量检查等专项工作，夯实数据基础。搭建数据综合应用系统，按照“省局搭台、各方唱戏”的集智众创思路，逐步整合各级各部门数据应用系统，形成统一的数据门户。在2010年全国最早颁布涉税信息共享办法的基础上，继续推进《广东省涉税信息交换与共享规定（试行）》修订，构建与公共资源交易中心、工商、公安等28个部门涉税信息交换共享新机制。

二、河北省税收信息现代化的经验

河北省税务系统积极响应国家税务总局提出的“互联网+税务”征管模式，积极开展征管创新实践，近年来在税收信息现代化建设方面取得了很大进展。构建了“智慧云办税厅”，在税收管理和纳税服务方面做出了河北特色的“互联网+税务”新形式。

（一）河北省“智慧云办税厅”基本简介

“智慧云办税厅”（简称“云办税”）系统是由河北原国税系统构建的，主要特征是，将实体办税业务通过互联网虚拟化，税收管理和纳税服务主要基于网络和自助形式，形成了7×24小时的全天候便捷服务的“云端一体化办税服务厅”。纳税人以移动终端为载体，通过互联网进行业务发起，税务部门从“云办税”端口接收纳税人发起业务后，使用内部网络办理，将业务处理结果再通过“云办税”反馈回互联网纳税人端口，为纳税人打造全方位、便携式的涉税事项服务平台。“智慧云办税厅”实现了11类业务全省通办，实现了计算机终端、手机移动终端、自助终端和办税服务厅多元一体化办税，具体功能见表6-4。

表6-4　河北省“智慧云办税厅”主要功能

主要模块	办税功能区	互动交流区	查询服务区
提供税务服务	依申请办税功能：税务登记、发票购领、发票代开	提供办税指南、税收法律法规查询、税务风险提醒、税务知识政策在线交流等服务	提供纳税人信用等级查询、发票真伪查询等服务
支付方式	传统支付方式、第三方线上支付		
纳税人访问方式	个人电脑、手机+“掌上河北国税”App		

河北省"智慧云办税厅"有以下特点：一是纳税人纳税全流程电子化，包括纳税人管理、发票认证、IC卡抄报税到纳税申报等；二是实现税款、罚款和滞纳金线上缴纳，将第三方线上支付方式引入电子缴税系统，建立"银联在线支付"系统，纳税人一键缴款；三是实现移动终端办税，纳税人用手机下载"掌上河北国税"App，通过与"智慧云办税厅"的互联，在手机上即可办理涉税事宜，也方便了税务机关通过手机客户端推送税务新闻、政策法规、办税指南以及风险提醒、催报催缴、通知公告等。

2020年7月，河北省税务机关不断深化"互联网+税务"，建成大数据智能办税服务厅，通过智能手段积极探索减轻人工综合窗口负荷，实现了人机共融、互联互通，提升税收信息现代化水平。大数据智能办税服务厅主要由两个平台支持——智税中枢总控系统和多功能无障碍导税平台，在上述平台的基础上，通过加强设备的智能技术，将大量简易事项分流到智能微厅窗口、云桌面办税窗口、代开票窗口等简易窗口，因为这些简易事项无须到人工综合窗口办理，从而提升税务机构的服务效率。

（二）河北省"智慧云办税厅"实施成果

河北省"智慧云办税厅"以移动终端为载体，为纳税人打造全方位、便携式的涉税事项服务平台，实现与"金税三期"系统信息的有效衔接，提升了河北省国家税务局的大数据管理水平。

一是为纳税人提供便捷的纳税服务体验。纳税人之前办理税务事项都是到税务机关排队办理，等待时间长，有时候因为携带证件、资料不完整要跑好几次才能办完。而在"云办税"里纳税人可以查询到办理某项涉税业务需要携带的证件、资料等，通过手机就可以7×24小时申请办理，大大方便了纳税人。因此，自"云办税"上线实施以来，纳税人的办税理念逐步从进厅办税向自主办税、互联网办税转变。

二是实现了税务信息大数据的整合利用，"智慧云办税厅"与"金税三期"系统信息的有效衔接，在便利纳税人的同时，也极大地提升了税务机关的办税质效，与此同时，实现了税务信息大数据的整合利用，提升了河北省税务机关的大数据管理水平。“智慧云办税厅”能为纳税人提供高效便捷的纳税服务，因此，提高了纳税人使用自助终端办理涉税事项的积极性，进一步拓展了涉税数据的自助采集，为税务信息大数据的整合利用奠定数据基础。

三是有利于电子发票的推行，企业领取增值税普通发票和专用发票都要到办税大厅，人工窗口或自助终端机领取，为了减轻企业领购发票的成本，河北省税务机关（如雄安新区）2020 年推行电子发票，这样大大方便了纳税人。河北省以建立数字税务、智能税务为目标，提高 5G、大数据、区块链、人工智能等技术的税务应用，加速推进税收信息化建设，全力打造数字智能税务。

三、依托“互联网 +”的税收信息现代化对税收工作的多维度影响

依托“互联网 +”的税收信息现代化对纳税服务、税收征管等各方面产生重大影响，纳税服务效率的提高方便了纳税人，税收征管方式的创新使税务机关的征收管理从粗放型向精准型转变。

（一）对纳税服务的影响

随着信息技术的发展，互联网已经成为人们工作生活的一部分。税收信息现代化依托互联网不受空间、时间及形态限制的服务优势，构建“实体办税厅 + 网上办税 + 移动办税终端 + 自助办税终端”的纳税服务平台，将实体办税业务迁移至“税务云”上，线上线下涉税业务有机融合，纳税人足不出户就可以实现网上办税、自助办税，掌握办税进度，便捷涉税查询，从而提高税收工作透明度。一是纳税人可以不受时间限制接受纳税服务，纳税人可以通过微信平台直接接入税务端的叫号系统或者网络办税系统进行预约办税，“互联网 + 税务”提升了纳税服务的时效性；二是提交涉税资料无纸化，纳税人从互联网纳税平台上查询办理涉税业务所需资料，按要求通过纳税平台上传相应电子版证明资料，税务部门在后台进行审核确认后，纳税人可以直接通过电子平台打印相应证明资料，从而享受到足不出户、不受空间限制的便

捷服务；三是提供便捷的互联网支付服务，随着我国互联网支付方式的迅速发展，税务机关及时采用这些新的互联网支付方式，在征收税款时系统除了接受传统的银行卡支付外，还接受支付宝、微信支付等方式，纳税人只带一部手机就可以方便地缴纳税款；四是基于互联网理念重构退税流程，打通外部申请与内部审批流程的衔接，实现退税业务办理电子化、网上一站式办结。例如，2019 年度个人所得税的全年汇算清缴，纳税人可以在手机 App 上进行，一键实现税款缴纳或退税业务。依托“互联网+”的税收信息现代化大大提高了税收征收效率，在交易发生的同时税收入库，并且通过交易数据，运用大数据分析，使税务部门及时掌握税源变动信息。

（二）对发票管理的影响

依托“互联网+”税收信息现代化有助于实现发票服务自助，促进了电子发票的应用。一是通过互联网实现了发票的自助申领和查验，税务机关依托互联网平台，提供发票网上申领服务，并结合现代物流服务配送纸质发票，打造线上与线下相结合的发票服务新体系。同时，建立统一的发票查验云平台，发票使用人可以通过互联网网页、移动终端、微信、短信等多种渠道查验发票。二是提升了发票开具的便捷性，每实现一笔网上交易就自动开具电子发票并将信息推送到税务部门，使税务部门及时掌握开票信息及交易过程，能够做到及时比对。三是推动了电子发票的应用，在国家税务总局出台统一的电子发票数据文件规范的基础上，融合数字证书、二维码技术，为电子发票的广泛使用提供了技术支撑，利用“互联网+税务”实现发票云平台存储，线下打印使用，从而实现以票控税。

（三）对申报征收的影响

首先，实现电子税务登记，推行“多证合一”，实现纳税人通过互联网对本单位基础信息的查询、更新和管理，在满足安全技术规范的前提下，将涉税查询业务向移动应用终端、第三方平台延伸，网上办理临时税务登记、扣缴义务人登记等业务时，为纳税人提供认定、优惠办理等事项的网上申请、资料提交、办理进度查询等服务，办理备案类优惠事项的，备案渠道多元化，以方便纳税人。其次，依托“互联网 +”的税收信息现代化为纳税人提供便捷高效的网上申报纳税平台，实现申报纳税网上办理全覆盖和资料网上采集全覆盖。借助“金税三期”在全国陆续上线以及功能的不断优化，拓展了多种申报方式，在保障信息安全的前提下，将操作简便、流程简洁的申报功能拓展到互联网实现，实现纳税人多元化申报。开发统一的涉税网络申报系统并不断优化，统一了数据接口，提高了涉税网络申报系统导入的稳定性，同时也提高了申报质量。

四、“互联网 + 税务”税收信息现代化的创新优势

（一）税收管理效能提升

依托“互联网 +”的税收信息现代化创新性地整合了原有涉税事项办理、申报缴税、征管档案等系统，实现了统一的税源查询、监控、预警功能，梳理重构了涉税业务流程，在保障信息安全的前提下，对流程进行了适当的简化和整合，强化了过程控制，实现了由实体办税向移动互联办税的转变。一方面，节约了纳税人的时间和成本；另一方面，把税务机关的办税人员从简单重复的涉税事项中解放出来，使税收管理人员更好地做好办税服务，提升了税收管理效能。

（二）有效降低征税成本

一是降低了纳税人的纳税成本。原来纳税人到办税大厅办理业务，要消耗时间成本、交通成本等，而依托“互联网 +”纳税人可以通过移动终端、涉税软件 App 随时办理，大大减少了纳税人等候时间和在路上的时间。另外，各地税务机关通过“互联网 + 税务”办税模式承诺办税事项“最多跑一次”清单服务，纳税人可通过网站查阅涉税事项的报送资料、办理条件、办理时限、办理方式及流程等内容，在资料完整且符合法定受理条件的前提下，实

现纳税人“最多跑一次”，从而大大节约了纳税人的纳税时间成本与交通成本。同时，在涉税资料无纸化的信息化模式下，也节约了纳税人的办公成本。二是降低了税务机关的征税成本。“互联网+税务”运行以来，系统内大部分税收基本信息和资料都可通过互联网税务系统的相关模块进行收集、整理和存储，通过互联网采集的涉税大数据，进行数据的深度分析从而进行税收风险管理，这样降低了税务机关整理纳税资料的成本，也减少了税务工作人员实地检查的工作量，节约了税收征管成本。

（三）税收分析更加准确

在“互联网+”的税收信息现代化平台下，税务部门积累了纳税人大量有价值的数据，在此基础上，利用大数据分析手段，使税收分析更加准确。同时，利用与工商部门、金融机构、房产管理机构、社保部门等信息联网，运用互联网大数据分析技术，从海量数据中挖掘有价值的税收数据，强化税源管控和税收风险管理。例如，利用个人所得税征管可以对纳税自然人的房产租赁、房屋贷款、子女教育等信息进行分析，基于互联网的云计算等工具，通过税收弹性分析、税负分析、税收关联分析等方法，对税收收入做精准预测，对动态的经济税源进行有效管控。税务部门在汇总纳税人涉税信息的基础上，定期与纳税人自主申报信息进行交叉比对，实现涉税信息的数字化管理，精准计算出如纳税规模、纳税信用、纳税遵从等税收风险指数，运用大数据分析进行动态监控，从而更准确地加强税收风险管理。

第三节　当前地方税收信息现代化存在的问题

尽管以“互联网”为依托的地方税收信息化使税收资源在“互联网+”的模式下得到充分利用，有效提升了税收征管质效，但从全国来看，这种税收信息化的运用并不均衡，随着互联网技术的快速发展，税收信息现代化在实务中还存在可提升的空间。

一、办税流程有待优化完善

目前，网络办税项目主要由税务部门提出需求，征管科技部门做出项目规划，信息中心负责对软件、硬件和信息安全把关，办税服务厅负责实施。在实际操作中，各部门很难在项目建设和实施中全程投入，没有专业化部门对此进行规划与运作，导致跨部门的协作无法实现高效率的运行。“互联网+税务”使纳税人基本实现了诸如税务登记、纳税申报和缴纳以及增值税常用业务等基础涉税业务通过互联网或移动终端办理，但在地方税务机构的实际工作中，还有一些业务的办税流程存在优化的空间。例如，在一些地区的涉税事项中，审批手续还是延续着税收程序法和实体法设计下的传统税收管理方法，纳税人仍然需要到现场填写种类繁多的各类表格，虽然互联网税务系统可以实现“集中受理、内部流转、限时办结、窗口出件”，但许多业务的办理分散在多个部门或岗位，审批时间也较长，部分纳税人对通过互联网办理不放心，同时也为了加快办事进度，还是宁肯自己跑科室、跑分局去办理一些审批、签批项目，争取缩短办税时间。在一些办税流程中，虽然部分实现了电子信息化，但还有许多表格不能根据已有数据自动生成，还需要纳税人填写，且容易出现错报、漏报等情况。办税流程还没有充分发挥“互联网”的技术优势，在满足税务监管的前提下，办税流程还需要进一步优化。

二、硬件建设及系统功能有待加强

随着税收信息化的发展，海量涉税数据的处理分析以及开发利用都需要硬件设施和系统的支撑。当前，一些地方税务部门的计算机信息管理还限于一些基础涉税信息，存在信息孤岛现象，还没有利用互联网思维对信息进行充分的管理、分析和挖掘，大数据处理功能没有充分发挥。随着互联网技术的不断发展及对大数据的挖掘，硬件设施和信息系统建设在将来一段时间都是决定税收信息现代化的重要因素。经过优化的金税四期工程，数据管理中仍然存在某些信息孤岛、数据休眠等问题，虽然统一了纳税服务平台，但各地开发的平台、插件、客户端等相互独立，在一定程度上影响了技术平台的使用效率。增值税发票领购电子化系统虽然得以推广，但税务发票电子化尚不完善，甚至还存在某些漏洞，2021 年 3 月 3 日河北省税务机关与警方合作，查处虚开发票，涉案金额达 400 万元，便是很好的例证。因此，真正意义的发票电子化可能还需要在硬件及系统技术上有重大突破。用户数据的安全性与隐私问题也是系统需要重点完善的地方，这是目前影响互联网技术应用广度和深度的关键因素之一，传统的"用户名+密码"登录网上办税平台模式已不再符合税务总局信息安全的新要求，纳税人身份认证系统的管理是开发互联网办税平台需要重点解决的。

三、涉税信息的整合利用还有待提升

税收征管涉及纳税人经济活动的方方面面，因此，如果涉税信息能够在税务机构、工商管理部门、金融机构、社保部门等部门间实现信息共享，将有利于提升涉税信息的整合利用。目前，我国在贵州省进行了数据共享试点，但其他许多地区部门之间的内部壁垒依然存在。例如，税务局部门需要的如房产、土地等基础信息还不能由房产管理部门提供，还需要从纳税人处获取。如果这些信息可以由各部门通过信息平台取得，将节约信息成本，而且信息真实客观。针对各部门系统信息形成信息孤岛，还需要运用互联网思维，在保障信息安全的基础上研发如何实现涉税信息共享。尽管有些规定对各部门协助税务部门提出了要求，但由于一些信息安全的考虑或法律层面的考虑，这些要求不够具体，操作性不强，在操作层面、技术层面和信息安全考虑上还有诸多问题，例如税务机关需要纳税人的某些信息，这些信息可交换，但是由于某些原因使信息交换无法满足需要，影响了涉税信息的有效整合，进而影响信息发挥更大的价值。

四、税收队伍的素质与结构有待提升和优化

“互联网+”税收信息现代化的发展不仅需要有大批高精尖专业信息技术人才，也需要税务人员在拥有良好的业务素质的同时掌握实用的信息技术，目前地方税务机构的税务人员素质尚有较大差距。一是地方税务部门长期没有及时补充专业人才，通过公务员招录方式只要求应试人员参加行政能力测验和申论两门笔试，专业性不足，使得税收队伍专业人才不足，人员年龄老化，学习动力不足；二是某些地方税务部门岗位设置不科学，许多年轻的工作人员往往在办税大厅内从事大量简单重复性的日常操作，专业技能得不到锻炼，对税务工作人员的后续培养也造成一种人力资源的浪费；三是利用大数据进行涉税风险分析方面的专业型和复合型人才缺乏，亟需既懂税务专业，又熟悉计算机软件、大数据分析的复合型人才，现有的人才结构难以适应“互联网+税务”税收信息化的不断发展变化；四是基层税务部门受传统的纳税服务模式影响较深，运用“互联网+”进行服务的意识还不够强，适应“互联网+”思维还需要时间。

五、综合治税体系有待健全

我国整体的综合治税意识尚不完善。一是涉税信息采集质量不高，部分纳税人在报送涉税信息时思想上存在顾虑，涉税信息能报送上去就行，而不讲求质量。二是税收征管系统虽然积累了数量庞大的纳税人申报数据，但这些数据的质量还有待提高，不能准确反映纳税人的情况，同时数据的关联性不够，基层税务部门没有能力去获取其他部门的关联信息，从而使积累的数据可利用价值不高。三是税务机关利用互联网进行税务监管的能力还需要提升，由于许多办税服务软件各自孤立存在，缺乏全国系统性，导致无法实现相关涉税信息在不同地区、不同办税机关以及财政机关等部门之间的共享，不利于税务机关更好更快捷地开展监督工作。

第四节　完善“互联网 +”税收信息现代化的基本对策

“互联网 +”税收信息现代化需要全面审视税收工作，积极发挥“互联网 +”的乘数效应，实现税收工作全方位转型升级，开创“互联网 +”税收新模式。要继续推进以互联网为依托的税收信息现代化，需要借助互联网的技术创新优势，重构税收征管流程，注重顶层设计与基层实践的结合。

一、优化税收管理流程

完善“互联网 +”税收信息现代化的一个重要目标是提升纳税人的满意度，以纳税人需求为导向，完善税收信息公开、税收法规政策库及办税流程，开发简单易学的办税操作系统，利用手机等移动互联网终端实现发票查验、在线辅导、满意度调查等功能，在让纳税人享受便捷办税的同时，也让税务人员移动办公成为可能。税务部门工作人员应深入到广大纳税人中，可以利用官方网站、微信公众号、投诉热线等接收来自纳税人的建议和批评，也可以利用问题倒查机制，培养税务机关自我纠正的能力，不断发现当前管理流程与纳税人需求不匹配的地方，在保障税收风险防控的前提下，积极优化税收管理流程。

“互联网 + 税务”促进税收管理与服务的流程再造，为税收管理工作带来一系列创新性变化。

一是重新设置税收管理机构，税收管理组织扁平化，这样有助于税收管理成本最小化。互联网和大数据的应用使税收管理组织可以根据纳税人的不同特点进行设置，也有助于降低税收管理成本。税务机关可以与其他社会组织合作，将部分简单重复的税务管理工作“外包”，使税收管理结构社会化，从而有能力将有限的管理资源用于提供更为精准的纳税服务。

二是优化纳税人的信息获取渠道。发挥互联网优势，通过多个信息平台向纳税人宣传国家税收政策、优惠政策，涉税事项需要提交的材料、办理流程等，在做好实体办税厅的基础上，继续完善网上办税厅，重点开发移动终端办税厅。构建三位一体的信息化办税平台，及时推送政策公告、催报催缴等事项，注意运用新媒体、新方式，让纳税人明白税法规定的真正内涵以及文件要点。

三是运用智能交互技术，采集无纸化信息，减少纳税人重复填报，不断优化网络办税界面。运用智能交互技术，将纳税人疑问比较集中的问题进行智能化处理，提高纳税人疑问的解答效率和准确度。通过征纳双方的线上线下互动，了解纳税人的实际需求，通过信息化手段，切实解决纳税人关心的问题，提高税收管理水平。充分发挥互联网的优势，着力打造规范执法的移动办公环境。通过互联网技术，构建移动办公体系，实现电子笔迹的安全保障，使税务人员可以实现随时随地对纳税人涉税事项的查询和调取。

二、加强税收硬件设施及信息系统建设

一是不断加大税收信息现代化的硬件基础设施建设。税收信息现代化的硬件设施是实现优质税收服务的基础，也是决定未来税收信息现代化水平的重要因素。一方面，继续加大实体智能办税厅建设，虽然在纳税人相对集中的市区已经建设完备，但广大县、乡镇还需要有相应规模的建设，原有的基层办税厅也应加大自助办税设备的投入。另一方面，推进信息技术升级，推动自助办税设备的智能化，升级诸如面部识别、语音识别等的身份认证人工智能技术，也有利于提升信息采集的速度和稳定性。运用互联网技术的新发展，在重构税收流程的基础上，不断提升对纳税人的服务水平，提高响应效率，不断攻克技术难关，开发更方便、快捷的网上办税功能模块。

二是升级信息系统。税收信息现代化的核心是涉税信息的采集、分析能力，税收征管模式将从以前台为主转向以后台为主，税务部门将聚焦于税源信息、纳税人行为管理。信息系统升级一方面应加强税收数据标准化、规范化建设，实现各类信息资源的整合；另一方面应建立严密的涉税信息保密制

度和数据资源的安全管理制度。加快提升涉税信息的采集分析水平，提升信息共享价值。通过创新应用大数据技术，为税收管理提供各种有用信息。不断加强跨界涉税信息的共享能力，充分利用、整合各类公共资源，充分获取、利用第三方信息。保障涉税信息安全。创新运用互联网技术，在税务部门互联网出口部署防火墙，探索安全维护的技术手段，做好系统上线前的安全准备工作，设置访问日志记录，以便对访问记录进行安全分析，以及注重运行后的测试，制定应急预案，增强系统安全程度。

三、打造一体化税收信息综合平台

充分利用互联网的开放性、透明性特征，打造一体化税收信息综合平台，挖掘信息和数据的潜在生产力。互联网和相关信息技术提升了信息交流的广度和深度，"互联网+税务"的目标是打造全覆盖、全联通的智慧税务生态系统，包括多终端接入的一体化综合办税服务平台及能有效提高税收风险管理效能的数据应用平台。利用互联网的数据搜集和处理能力，发挥涉税数据对税收管理的促进能力，着力打造由涉税信息获取平台、涉税业务办理平台、涉税信息处理与共享平台组成的一体化纳税服务综合平台，加强数据的分析利用，从而提升税务部门的征税能力。

一是构建多样化涉税信息获取平台。涉税数据的采集是提升税收信息整体服务能力的基础。一方面，采集来自税务部门内部服务平台（金税四期等征税系统）的内部信息，及时有效地把纳税人的相关数据进行汇总、分类存储。另一方面，采集来自税务部门以外的信息，既包括工商管理部门、金融机构及其他政府职能部门等的信息，通过与这些部门的信息互联互通，采集更广泛的数据，如进出口数据、纳税人的资金流向等；也包括来自网上交易平台、物流信息等数据来源，通过对不同行业涉税信息的分类管理，提升信息利用价值。利用互联网来收集、筛选、审核相关数据，通过平台实现数值、图表、字符等不同数据形态的共享。通过计算机对互联网大量信息进行高效收集和筛选，扩展互联网涉税信息获取渠道，多方面分析过滤，使之成为税务部门有价值的信息。

二是打造涉税业务办理平台。充分发挥“互联网+”的特征，以服务纳税人为宗旨，打造纳税服务办理平台，提供多元化手段、全天候的服务平台。坚持以用户服务需求为核心，关注用户的感受。根据税务总局“互联网+税务”行动计划，建成标准流程的高效电子税务局，实现统一跨平台、多端口的数据共享，实现申报纳税网上办理全覆盖。同时，推进和完善网上涉税信息公开，及时发布税收法规、条例等信息，建立全国税收法规库，完善信息发布平台和发布机制，通过平台快捷处理信息，实现透明、阳光税务。在服务纳税人的同时还要做好个性化服务，不同信用等级纳税人的税务服务需求不一样，信用等级越高的纳税人，需要的税务专业服务越精细化，好的纳税服务也能有效提升纳税遵从度，因此对纳税诚信等级高的纳税人，应该提供专业化的服务，指定具有行业背景的税务专业技术人员为其制定有针对性的纳税服务，包括相关税务政策的宣传、税收优惠政策的便捷办理、税务辅导等。对于普通纳税人，应该加强纳税诚信宣传教育，做好相应税收政策的宣传、解释，对于纳税诚信等级不合格的纳税人应该重视对其进行警示教育，同时严格纳税稽查。

三是建设涉税信息处理与共享平台。建立税收数据处理标准体系，各部门采集的涉税信息应遵循统一的数据格式，提升税收数据的处理速度，基于统一的数据接口，建立信息共享平台。大数据、云计算是“互联网+”数据处理的关键技术，商务贸易系统、金融系统和物流系统的数据都可以成为涉税数据的来源，通过整合各类涉税数据资源，建立用数据决策、用数据管理的机制，准确分析税源、精准评估和稽查。完善协同管理体系，深化第三方协同管理，提高部门之间协税护税力度，实现涉税信息互联互通共享。

四、实施税收人才战略

一是提升纳税服务人才的专业技术素养，为实现“互联网+”税收信息现代化提供人力资源保障。加强税收专业知识的学习，从严格准入考试，到入职人员的继续教育，重视对税收专业知识掌握的考核和培训，尤其要重视税收新政策的解读和宣传，可以通过鼓励“以考促学”方式，如考取税务师、注册会计师等证书提升专业能力。

二是注重互联网思维的培养和信息化人才的引进。税务部门必须培养一支具备互联网思维、精通信息技术的复合型人才队伍，对纳税人反馈的问题及时优化，提升电子系统可操作性，在办税大厅和系统运行维护方面配备一定的技术人员，方便解决涉税办理技术性障碍方面的问题，也可以通过税务部门政府采购服务，由税务软件运营商提供技术服务，在税务大厅及互联网平台及时解决纳税人的技术问题。

三是积极培养和引进数据分析专业人才，可以依托国家税务总局领军人才培养项目，培养既拥有丰富税收专业经验又有数据挖掘技术和模型开发能力的复合型人才，也可以考虑引入专业“外脑”，内外结合打造税收信息化人才队伍，通过对海量税收数据的数据分析，发掘案情疑点，统筹风险管理。

四是开展绩效评估，强化人才建设，建立健全行之有效的绩效评估机制，进一步完善税务机关内部胜任能力考核系统。

五、加强综合治税体系建设

一是推进法治化建设。互联网的兴起促使公民法治意识增强，倒逼税收法制建设不断完善，纳税人对调整、完善税收法制的期盼更加迫切。同时，互联网也催生了众多新生经济业态，新的经营活动成为税法的盲点和空白，需要税法对这些新业态、新税源进行规范，从而要求税法不断完善。应重视纳税人权利保护的相关法律的完善与宣传，在明确纳税人享有何种权利以及如何行使权利的同时，应当明确纳税人权利无法得到保障时的救济措施。

二是培育良好的税收文化。首先，培育纳税人自觉纳税的文化，增强国家主人翁意识，提升税法遵从度。其次，要培育纳税人积极参与税收治理的文化，人人关心税法，促进税法的不断完善，人人关心税收如何使用，促进税款征收和使用的公开透明。培育良好的税收文化可以从“娃娃”抓起，把税收知识搬进青少年课堂，从小让孩子们养成依法纳税意识。利用好每年4月份的税收宣传月，为老百姓答疑解惑，解决实际涉税问题。

三是加强风险管理。首先，防范互联网带来的信息技术风险，任何一台服务器，都可能有被黑客入侵的风险，使用人员操作不当可能会导致数据丢失、信息泄露等风险。因此，应规范对税收系统的漏洞扫描、病毒防护，以及安全审核、数据备份等。其次，防范税收管理风险，通过对税收信息现代化的海量数据进行科学分析，挖掘疑点，精准防范，提升风险应对能力。

四是加强对涉税信息的采集和利用。首先，应强化采集涉税信息，解决征纳双方的信息不对称，通过涉税信息的采集以及分析和应用，依托现代信息技术，在促进业务与技术融合的基础上，推动制度创新和技术创新，最终推动业务创新，优化资源配置。其次，进一步挖掘涉税信息的分析和应用，建设数据分析应用系统，完善税源监控体系和收入核算管理平台，完善大数据管理机制，加强税收数据标准化、规范化建设，加强税收数据信息的社会化综合开发利用，充分发挥其基础信息资源作用，建立严密的涉税信息保密制度和数据资源的安全管理制度。通过加强综合治税体系的建设，提升税务信息的现代化建设，更好地服务税收工作。最后，建立税收大数据分析应用中心，该中心可以制定税收数据标准，为整合建立税务部门统一的数据平台打好数据基础；该中心制定税收数据算法，开展各种税收分析，生成的多元化涉税信息可以由该中心统一对外发布以及与有关部门交换，推进数据开放，通过互联网渠道逐步向社会开放税务部门非涉密脱敏数据信息和部分业务系统数据查询接口，与各类主体分享税收大数据资源。通过上述措施加强综合治税体系建设，提升税务信息的利用价值。

第七章
地方税务机关执法能力现代化建设

习近平总书记指出，国家治理能力是运用国家制度管理社会各方面事务的能力，包括改革发展稳定、内政外交国防、治党治国治军等各个方面。[①]

地方税务机关作为政府的职能部门，管理社会事务的能力就体现在，利用国家赋予的权力，通过贯彻国家的税收法律制度，发挥好为地方聚集财力、调控经济、监管经济运行与社会发展秩序的职能。

按照习近平总书记界定的国家治理能力的范围，可以明确地方税务机关执法能力的基本属性：其一，从改革发展稳定方面来看，税收作为国家治理的基础和重要支柱之一，是经济与社会发展改革的重要一环，因此，地方税务机关的执法能力对于经济与社会的稳定起着重要的作用；其二，从内政外交方面来看，地方税务机关在执法过程中，不仅涉及政府与纳税人、纳税人与纳税人之间各种纵横交错的利益关系，同时，随着我国进一步对外开放，涉外税收范围会愈加广泛，而国际税收不仅涉及国与国的税收利益，还涉及由此拓展的政治、文化、环境等方方面面的协调问题；其三，从治党治国方面来看，地方税务机关执法能力，不仅体现了地方政府的治理能力，也体现了党在依法治税过程中的领导和指引能力。

因此，提高地方税务机关执法能力，是税收治理能力现代化建设的重要

① 习近平．习近平谈治国理政（第一卷）[M]．北京：外文出版社，2014：91．

一环。只有改革和完善地方税务机关的执法能力，才能使地方税务机关在现代化建设过程中起到更好的作用。本章主要从分析地方税务机关在执法能力方面存在的问题入手，在强化地方税务机关的服务大局能力、依法治理能力、改革创新能力、组织建设能力方面进行探讨，对地方税务机关在现代化建设和执法能力方面提出可行性建议，使地方税务机关更好地服务经济发展。

第一节　地方税务机关执法能力建设的历程与现状

一、地方税务机关征管执法能力建设历程

（一）新中国成立后的税收征管手段

从新中国成立到20世纪80年代中期，我国税收征管实行的是“一员进户，各税统管”的税收专管员模式。由于技术和能力的限制，税收专管员手工操作纳税人纳税事宜，如收税、开票和记账等环节。税收征管人员也是通过手工制作税源清册，企业的年度缴款凭证附在清册的末尾，通常是一叠厚重的工商各税缴款书。

（二）电子计算机时代的税收征收管理

进入20世纪90年代，随着计算机网络和技术的普及，税收征管环节的手工操作减少并逐渐被计算机取代。随着网络科技的迅猛发展，21世纪，“互联网＋税务”进一步解放了人力，这种创新把“问题”和“需求”同时呈现在税务机关面前，两者并重。从人工到线上服务的转变是电子税务的深度升级，优化了办税流程，促进了纳税方式和渠道的多元化、现代化。这种升级仍在不断更新完善，减少审批、优化流程，进一步提升了税收服务的效率，实现信息化纳税，以达到优化营商环境的目的。

二、地方税务机关执法能力的现状

（一）税收征管与大数据网络化技术有机结合

在网上办理税务业务得益于互联网的发展和大数据的应用。纳税人不需要往返于税务机关就可以在网上了解到税法知识和纳税流程，这大大简化了税务业务流程，让更多纳税人享受到了科技进步带来的便利。税务机关则可以在网上提供各种税务服务相关知识，可以借助网络开展税务知识教育，让更多人能够更加便捷地了解相关的税务知识。

网络办税大厅让税收服务更加便捷，纳税人可以选择多种方式办税，越来越多的纳税人不再选择去税务大厅交税，这也在一定程度上缓解了地方税务机关的服务压力；同时，越来越多的移动支付平台也逐步被税务机关使用，使得纳税人有了更多的选择；互联网的应用彻底打开了之前由于距离带来的办税难度高的问题，使互联网税务服务真正走进了广大纳税者的生活中。大数据技术的发展为税收工作的开展创造了更多可能性。同时，由于大数据的特点是“全部”，而不是样本，这样可以做到失责必问、问责必严。这也在一定程度上对税务机关的工作提出了更高的要求。

在众多纳税人关注的异地办税方面，就目前的情况来看，纳税人在办理相关税务业务时依然受到明显的地区限制。尽管目前在长三角地区已经开始了跨地区办理信息报告、涉税信息查询、税收证明开具等事项清单，帮助纳税人就近办理清单所列事项，实行异地受理、内部流转、属地办理、限时反馈等工作，但是，在大部分地方税务部门仍然受到诸多限制，而互联网大数据的办税形式，为解决这一难题提供了新的解决方案。

（二）地方税务机关人员与纳税人双向沟通方式多样化

随着互联网的迅速发展，互联网技术在纳税服务的众多流程中必然起到更重要的作用，纳税服务必将随着互联网的发展而扩展其服务范围。之前的纳税服务更多的是线下服务，税务干部需要当面服务纳税者，但是纳税人的诉求往往得不到较为及时的解决，这就降低了纳税服务的效率。互联网的应用使得纳税人的大部分问题可以通过网络与税务人员进行沟通，极大地减少了纳税人到税务大厅现场办税的频次。事实上，这也使得税务人员的工作效率大幅度增加，降低了征税成本，有利于节省税务人员的精力，从而实现资源上更为有效的配置。

在实际工作中，地方税务机关积极推行双向预约。纳税人可以提前通过互联网预约自己的办税业务。纳税人在预约了办税业务之后，地方税务人员通过对大数据的分析，进行互联网审核和智能筛选，可以根据不同办税业务的难易程度和风险大小将其划分为不同的级别，然后交由不同的部门去办理相关业务，最后利用互联网统一将办税结果反馈给纳税人。一方面，这使得税务机关的征收效率大大提高；另一方面，这也使纳税人纳税便利性增加。除此之外，税务机关还可以通过智能数据分析，及时跟纳税人沟通，让税务人员能更加方便地开展工作，也让纳税人更容易配合征管人员的工作。互联网还可以实现全业务双向预约，实现“让数据多跑路，让百姓少跑腿”。地方税务机关完善与纳税人沟通联系机制。一些税务机关利用建立 QQ 群、微信群等方式，将同类型的企业聚合在一起，将不同类型的企业进行分类，通过借助互联网手段，有针对性地为纳税企业提供方便。这也受到了纳税人的一致认可。

（三）税收征管区域协同共治积极试点

在税务探索示范区的长三角区域，国家税务总局一直在尝试推出新的措施。比如 2020 年 8 月 3 日，国家税务总局发布《关于进一步支持和服务长江三角洲区域一体化发展若干措施的通知》，旨在更好发挥税收服务国家重大发展战略的作用。国家税务总局一直致力于推动实现智慧办税，争取让更多新技术应用到纳税服务中来。

首先，飞速发展的 5G、区块链、人工智能等技术，都为改进纳税执法服务方式提供了新的思路，把更多智能化的新技术应用到实际工作中，这也为未来在更多税务机关使用新技术起到了带动作用。

其次，长三角地区推行统一纳税咨询。争取做到共享 12366 知识库，杜绝信息孤岛。长三角地区的上海、江苏等地通过深入交流，争取在进行税收政策咨询时做到政策上的一致性。通过这种整体协作的方式将税务政策落实得更加完整。

最后，长三角地区的地方税务机关在国家税务总局的指导下，积极探索市场主体准入一体化，争取早日实现跨区域的税务办理。国家税务总局先后推出了多项面向长三角地区的新举措，这些新举措逐渐形成长三角地区税收征管一体化的新体系。这些新内容都为办税便利化改革提供了坚实的支撑，形成了“16 + 10”税收支持体系，积极打造长三角区域税收“服务共同体”“征管共同体”“信息共同体”。

（四）地方税收征管机构有效整合

从国际大环境来看，一个国家税收负担的高低和纳税流程是否简便，已经是一个国家国际竞争力的重要影响因素。从中国的内部环境来看，没有实行“营改增”之前，地方税务局主要负责营业税的征收。实行“营改增”之后，营业税取消，新的增值税主要由国税局征收，地方税务局的职责大幅削减，设置两套税务机构面临着极大的资源上的浪费。

于是，在国际市场的外部大环境有所变化和中国政府内部精简机构改革的影响下，中国税务系统在 2018 年迎来了重大改革，在全国人大会议的审议下，我国省级和省级以下国税地税机构合并，实行以国家税务总局为主与省（自治区、直辖市）人民政府双重领导管理体制，结束了之前长达 24 年的“两税并行”的征管体制，开启了中国税收征管史上的新篇章。这一决策解决了分税制权责界限模糊不清和多头领导的历史问题。

第二节　地方税务机关执法能力存在的问题

尽管随着社会的进步，税务机关的执法能力比之前有了极大的进步，纳税服务意识有了一定的增强、税收征管法律法规不断完善、税收征管制度与时代特性匹配度逐步提高、体制改革不断深化，但是，时代是发展的，地方税务机关在改革的过程中也一直面临着新环境和新问题。

一、纳税服务意识相对落后

（一）依法征管与纳税服务混淆

由于历史原因，部分地方税务干部对依法征管与纳税服务的理解存在偏差。在实际监管中，过度重视税收监管，更多地把目光放在了检查纳税人偷逃税款问题上，把自己的职责定义为监管偷逃税款，片面加大管理力度，而不重视纳税服务。有些税务干部内心并不认同纳税服务的说法，对纳税人只有监督管理的意识却没有服务的意识，部分服务内容也是形同虚设。

事实上，地方税务机关工作人员的服务意识较以前已经有了很大的提高，只是依然不能满足广大人民群众的需求，在众多关于纳税服务质量的报告中，对于纳税征管干部的服务态度不满意的情况占据了较高比例。从更深入的角度去看，我们发现，税务人员的服务意识还没有跟上，对于纳税服务的理解还不到位。一些税务干部认为，纳税服务就是在纳税者提出问题时以一个相对平和的态度去面对纳税人即可，其实纳税人需要的不仅仅如此，纳税人更多的是想迅速解决问题，而这些问题对税务干部的专业技能要求比较高。有些税务干部甚至依然片面地认为自己是税收征管中单纯的监督者，没能把纳税服务和税收征管结合在一起，达到一个较为合理的平衡。

（二）纳税服务意识不到位

第一，税务部门目前的纳税服务大多属于被动服务。往往是纳税人在纳税申报缴纳环节发现了问题后，向主管税务机关询问相关问题时，地方税务机关才会去考虑如何帮助纳税人解决问题。这更多的是属于一种事后的补救性措施，对一部分涉税风险起不到实质性的帮助。因此，税务部门应主动了解纳税人在纳税过程中可能会遇到的问题，提前防范风险，避免可能出现的隐患。

第二，一部分税务人员的纳税服务意识较低，只是单纯地把纳税服务归结到纳税服务部门的职责上，一些业务部门依然觉得税收的征管才是税务部门的主要工作，认为税务局的目的仅仅是保障税款能够及时足额地征收。个别领导干部也认为纳税服务是基层工作人员的工作，没有必要上升到整个税务部门的层面。这就造成很多贴近纳税人的服务措施实际上并没有落实到位，如果税务干部的主观服务意识不足，那么很多政策就会形同虚设，这就严重影响了税务部门的形象。

第三，一些干部对于纳税服务的理解过于简单，只是单纯地认为能够微笑服务办税人员就是良好的服务了，甚至把服务工作理解为打扫好办税大厅的卫生、提供舒适的沙发座椅等。这使得纳税服务工作流于表面，没有从根本上解决纳税人的需求，甚至对于纳税人的纳税任务没能提供实质性的帮助。在一些服务的诉求上，纳税人更关心的是自身的具体情况，而税务机关则更多关注整体政策的变化，所以税务机关的很多政策宣传对于一个个纳税个体而言作用比较微弱。纳税人更希望税务干部对于自身做出明晰的纳税指引，帮助自己解决实际问题。那么，这种解决实际问题的工作压力最终还是会落到具体税务人员身上，而税务人员在长期的工作压力之下没能拿出较好的表现也就可以理解了。

第四，个别地方税务机关过度重视对纳税大户的服务，对于一些中小企业的纳税服务不足。税务机关的重要工作是就是组织财政收入，在这样的工作背景下，税务机关就会更多地把工作重心放到对纳税大户的服务上，以此来保障财政收入。在基层税务机关管理的纳税人中，纳税大户的数量虽然较低，但是对于税收收入的贡献却较高，税务干部在取得同等税收收入的前提下，投入的工作量也会少得多，在工作的压力之下，税务干部也更愿意去服务纳税较多的企业。而且，纳税规模较大的企业往往财务数据也比较健全，对于税务征管来说也更为便利。因此，对于中小企业纳税服务的忽视也就不足为奇了。

二、尚不能完全做到依法治税

（一）税收执法岗位监督模糊化

金税三期系统的账号权限配置，初衷是使同部门不同岗位之间互相制衡、形成制约。不过在实际运用中，由于个别部门出现了人员不足的问题，为了能迅速高效地完成上级分配的工作，常常混用其他部门的账号。如此一来，原本被划分好的岗位职责再一次变得模糊，不再具有互相监督的作用。在这种情况下，由于监管系统的形同虚设，即使发生了执法上的问题，也难以根据职责去划分责任，很多问题就无法追究，最终让问题继续遗留，持续造成负面影响。

（二）外部监督淡化

首先，从理论上来说，社会监督是对依法治税的重要补充，如果对于来自外部的监督不够重视，而是在内部人员之间互相评价，这种评价很可能缺乏客观性，出于人情关系的考虑，内部评价会变成“谁也不得罪”的自娱自乐。这样的评价体制并不能说明问题，也不能对被考核人的实际情况做出有效的考核，那么也就无法对依法治税的情况进行有效监督，起不到督促税务部门进步的作用。

其次，纳税人作为税务监管的重要组成部分，往往对于自身的权利维护意识不足。究其原因，这主要还是税务部门作为税务征管的执法部门留下的固有印象，纳税人往往认为自己只是被管理者，不认为自己应该享受到纳税服务，也就缺乏享受服务的意识，有时自己的权利受到了侵害也没有想着如何维权。即使税务机关有一定的考核机制，纳税人也难以把自己最真实的感受反映给税务机关。在纳税人满意度调查问卷填写时，可能出现不能真实反映自己服务感受的选择。很多纳税人在办税过程中出现问题时不愿意向有关部门反映或提出行政复议，这一定程度上造成了外部监督上的缺失。

最后，纳税考核比较简单。目前地方税务机关的考核多数是垂直考核，也有一部分同事之间的评价。但无论是上级领导还是部门同事都不能真正了解纳税人的满意度，这就无法客观地反映纳税服务。有时候考虑到垂直管理，税务机关的考核往往要在不同行政区域内进行排名，但是由于不同地区的经济发展程度不一样，不同地区难以用一个特定的标准去衡量，也就无法进一步形成一个科学系统的考评体系。事实上，在地方税务机关目前的考核制度中，更多的目光都是集中在税务机关自身的工作成绩中，并没有把纳税人的满意度放在足够重要的位置上，这在一定程度上降低了纳税服务考核的合理性。除此之外，地方税务机关对于优惠政策享受范围的考核也不完善，一些小微企业本来应该是受到政策扶持的，但是由于自身对政策不了解所以没能享受到相应的优惠，而这些也应该纳入对于地方税务机关的考核中来。

（三）某些环节执法宽容度较高

有些行政执法人员不重视纠错，从近些年的统计数据分析，产生责任追究的情况很少，或者是简单带过。但事实上，执法问题在执法工作中并不少见，只是税务机关有时候选择性忽视而已，部分地方税务机关总是顾及情面，对于一些执法上的问题处理得不够恰当，致使纠错机制也没能真正帮助实现科学高效的执法。基层税务机关应严格落实好责任追究制度，降低对问题的宽容度。

（四）职责不清，协调不力

基层税务单位职责不清表现在很多方面，在很多流程中，并没有将岗位形成一一对应，造成的结果就是无法明确执法失误的责任人，影响追究过错原因的公正准确。协调不力则表现在税务机关在税收执法核查工作中各自为政，并没有做好工作上的分工和对接，本来应该相互配合的工作最终又落在了法制部门和纪检组的肩上，更谈不上相互配合。

三、征管技术创新滞后于制度建设

（一）新系统不稳定

互联网时代的“电子办税大厅”和“电子税务局”为纳税人提供了足不出户办理业务的便利，但这需要稳定的系统作为后台支持。系统不稳定、维护不及时、容易出故障是网上办税的瓶颈。不流畅的系统会让纳税人和办税工作人员都无从下手。部分基层税务机关设备落后，电脑等设备老化，系统迟滞，甚至会加剧纳税人和征税部门之间的矛盾。因此，在推广电子业务的同时，应在技术方面给予足够的支持，及时更新系统，做好后台维护。

随着科学技术的进步，广大人民群众都享受到互联网为社会生活带来的便利性。而税务部门也一直致力于通过互联网的应用来方便纳税人的业务办理。但是由于互联网发展较为迅速，一些前期工作还未成熟，就会被新的系统所取代，造成了数据上的混乱和难以管理，最终非但没能方便办税，还为纳税人和税务干部增加了更多的工作量。很多纳税人都反映办税软件或者办税系统不稳定，报错较多，经常导致纳税人的使用体验较差，在一些应用商店里，可以看到纳税人对于税务软件的评价并不高。目前的税务软件并不能满足纳税人的要求，这在一定程度上增加了纳税人的抵触心理。随着国税局和地税局的合并，双方的系统也要进一步整合，出现的小问题进一步增多，影响了税务干部的工作效率。

（二）电子税务功用性欠缺

税务机关也开发了“电子办税大厅”和“电子税务局”的系统，但其功能还不足以满足纳税人的全部需求。一方面，系统的功能主要体现在纳税人进行网上税收查询、咨询等常见业务，并不能满足纳税人个性化的需求；另一方面，系统某些功能“不好用”，这就是功能性欠缺带来的问题。有了信息化服务系统，税务部门应尽可能充分利用网络的便捷性，将更多可在网上办理的业务添加进电子政务系统中。这样一方面方便了纳税人，另一方面也方便了税务部门对税收信息进行加工、整理，为纳税人提供更丰富的信息。

目前，很多地方税务机关是利用互联网和电话的方式共同为纳税人服务，但是事实上，这两种方式跟传统的服务方式没有本质性区别，并没有充分发挥互联网的优势。纳税人需要的是更加便捷和精准化的服务，而目前纳税服务并不能达到人们期待的效果。

（三）办税信息化宣传推广不及时

办税信息化系统建设完成后应广泛开展各种形式的宣传，并调配专人在机器前提供辅助服务。不充分的宣传和辅助会导致申报人使用率低，申报难，不能达到“税收终端机”方便纳税人的初衷。信息部门应加大对办税信息化的技术支持和宣传辅助。

纳税服务的宣传对于纳税服务的重要性不言而喻，地方税务机关有义务通过一系列的宣传工作使纳税人对于纳税业务更加了解，提高纳税人对相关法律法规的了解，让纳税人清楚地知晓自己具体享有哪些权利，应该承担哪些义务，从而提升纳税人自觉纳税的意识，这也能在一定程度上降低地方税务机关的工作强度。但是目前我国税法还没有基本法，更多的是通过一些补充条例来明确纳税规范，这就要求地方税务机关做好相应的宣传补充，弥补税收立法的不足之处。就目前阶段而言，大部分地方税务机关还是通过税务网上培训和线下培训相结合的方式来实现的。但是，线下培训会议真正能影响到的纳税人数量毕竟有限，而网络培训又不能有针对性地解决每个纳税人的问题，所以当前的宣传工作还难言完美。

四、组织建设不完善

首先，随着社会经济的发展，市场经济不断繁荣，纳税人的数量激增。但是相应的，为了响应政府精兵简政的政策，税务机关的干部数量并没有相应地大量增加，再加上基层税务机关本来吸引力就不如大城市、上级税务机关偶有借调基层税务机关人手，这就更让税务干部的工作量大幅度上升。长此以往，必然导致税务干部疲于应付日常税收征管业务，没有多余的精力主动查找偷逃税的风险点，因此也就形成了目前税收征管中的最大痛点。

其次，虽然税务机关各层各级都在不断强调优化服务，希望通过提高服务的方式来提高工作质效，但是，由于有预防执法风险的任务，税务机关又把强化责任的要求压在了基层工作者身上。所以对于各项工作，一线办税人员不得不步步谨慎，生怕出现不应该的错误。事实上，在这样的重压之下，一线工作人员根本无法提高服务。毕竟，比起服务效率，规避执法风险的责任对于一线工作人员来说要大得多。这也就造成了税务管理员的征管和服务范围较大，工作压力过高，难以更好地服务纳税人。

最后，由于分工的不同，各个税务干部有各自的职责，大多都只了解自己职责范围内的问题，能看到的多数是眼前纳税人存在的问题，不能进行横向或者纵向的比较，这样短时间内或许会减少工作人员的工作量，提高工作效率，但是长此以往，可能会约束税务干部的自身发展，局限干部的视野，最终造成工作人员业务能力不能适应更多岗位，难以培养高端人才的普遍问题。

第三节　地方税务机关执法现存问题的原因

一、“公仆”意识还没有完全落地

（一）混淆“管理”和“服务”

一部分税务机关工作人员服务意识不强，在依法征管的过程中过度强调监督而忽视纳税服务。强调税收的监督本身并没有错，但是一部分干部为了自身监督工作开展，运用了一些缺乏纳税服务意识的手段，让管理凌驾于服务之上。现代税收管理除了重视监管之外，服务也是重中之重，税务干部本身是“干部”，但也是人民的“公仆”。税收本身也是取之于民、自己用之于民的。个别税务人员只按照既定的程序做工作，而没能形成自觉的服务意识的工作状态需要纠正。

（二）纳税服务理解不全面

一些税务机关干部对纳税服务的理解并不到位，认为纳税业务主要发生在税务大厅，那么办税服务也理所当然的是办税服务厅的事，这就是因为部分干部的服务意识还不足，纳税服务的理念还没有入脑入心。他们认为纳税服务主要体现为对纳税人口头上的问候，功夫只做在了表面。也有一些干部认为，只要完全被动地遵守相关的规范就可以了，不需要主动地了解纳税人的需求。如果遇到了纳税人投诉，也认为只要接受了组织上给予的警告，反馈环节就结束了。但是这样并没有从根本上解决矛盾，并不能真正地提高纳税服务。

二、税收智能化开发与运用尚不协调

（一）办税系统的更新速度过快

根据纳税人的一系列反馈来看，目前纳税人在网上办税遇到的最大问题就是系统更新较快，由此造成了纳税人对系统不了解，甚至很多系统运行不稳定，严重影响了纳税人的办税效率。出现这一问题的原因不外乎两个方面：一方面，由于改革往往进行得比较高效，但是相应的办税软件和办税系统却存在滞后性，不能完美地匹配新业务。当遇到具体问题时，地方税务机关需要将遇到的问题向上级部门反映，上级部门还和专门负责技术的人员沟通，这就导致了办税效率大大降低。另一方面，办税系统经常性地更新和维护，导致之前打算在某时间段办税的纳税人会将办税时间集体后延，造成后面的办税业务较为拥挤，影响了纳税体验。虽然现在地方税务机关都试图通过提前提醒的方式告知纳税人，但是受到告知渠道等多方面的制约，并不能达到令人满意的效果。

办税系统更新频繁，新系统不稳定，甚至会出现一些数据上的冲突。这无疑给一线操作人员增加了工作难度，往往旧系统的知识还没有完全掌握，新系统又要重新开始学习。频繁的迭代还会导致查询、申报模块数据不准确，甚至需要纳税人反复核实，增加了办税工作人员和纳税人的负担。

信息技术的飞速发展使税务征管的工作方式发生了巨大变化，而税务系统和税务软件变更的内在驱动力在于经济的飞速发展。经济的发展必将带来政策的变化，政策的变化又会改变税收征管的形式。这一切的变化最终都要体现在一个个基层单位中的具体税务干部的工作流程上。

（二）没有充分考虑到工作人员的工作实际

新系统对工作人员素质要求更高，要求依法行政和执法程序更为严谨，但对于工作人员来说，为一位纳税人办理业务就需要操作很多个步骤，每天来回重复工作，导致工作量急剧增加。

受各方面因素的影响，税务系统的更新换代往往上线得比较仓促，使得一些税务干部学习起来时间较为紧张，而一些地方税务部门的培训较为滞后，往往是在新系统推广的同时进行着不断的工作培训，而在这个时间点正是税务干部由于新系统的换代，处于一个比较繁忙的状态，学习状态并没有想象中的理想。当遇到一些实际问题，更多的纳税人和税务人员往往是通过自己摸索来掌握正确的操作流程。从客观上说，这是税务机关纳税服务不到位的体现。

三、组织建设高度垂直化

我国的税收组织结构呈正三角形，工作压力集中在基层税务机关。相对而言，较高行政级别的税务机关的工作内容要比基层税务机关少得多，这是由于高级别税务机关往往分工更加细化，一个岗位只需要负责某一方面的工作，而到了基层税务机关一个岗位要负责的工作内容明显增多。

即使是在税务局组织机构改革之后，我国税务机关依然主要由上一级的税务机关领导，上级税务机关根据行政划分直接对隶属的税务机关进行考核。这种组织形式使各省、市税务机关的平级机关之间缺少业务往来，信息沟通必须通过共同的上级部门来协调，造成了沟通上的低效。同样，在税务机关的基层工作中，税源管理和风险监控部门作为税务基层部门与纳税人之间的桥梁及纽带，税收管理员根据分片、分类管理的原则，帮助和监督纳税企业及时足额地申报。税收管理员对其辖区内纳税人负责的事项较多，基本上纳税人产生涉税的问题，都只能通过负责的税收管理员寻求解决方案，这也导致了税收管理员的工作相互之间替代性较低。同时，负责该区域的税收管理员又对纳税人施行税务监管，较多的接触使得双方之间彼此熟悉，这也在一定程度上会增加执法风险。

第四节　强化地方税务机关执法能力现代化建设的对策

一、强化纳税服务新理念，积极落实减税降费政策

纳税服务与百姓日常生活关系密切，税务和人们的生活联系越来越紧密。纳税服务对纳税人的满意度相当重要，它囊括了整个纳税过程中的方方面面，税收征管部门应该积极主动地向纳税人提供服务，让纳税人确实感受到纳税的便利，才不会对纳税产生强烈的抵触情绪。要做好纳税服务需要更新纳税服务理念和提高服务的主动性。

一方面，税务部门要秉持服务理念，遇事从纳税人的角度出发，把纳税人的满意放在第一位，从纳税人的视角来重新考量纳税服务工作。要做到充分地与纳税人进行沟通，争取得到纳税人的好评，这样才能从根本上提高税收征管效率。

另一方面，税务部门要改变之前被动式服务的习惯，应该更加主动地思考纳税人可能会出现的问题，通过未雨绸缪的方式去提高服务效率。这就要求税务机关提前和纳税人做好沟通，了解纳税人在缴纳税款中容易在哪方面出现问题，然后去积极地落实助力方案。

随着国际大环境的变化，税率的高低也成了国际竞争力的重要体现之一，为了增强我国在国际上的竞争力，减税降费也是我国的必然选择。考虑到我国经济总量较大，小步快跑的改革方式与我国国情更加相符。近年来，我国在税率上的改变卓有成效，增值税的税率降低、税率档次合并都对整个经济的发展起到了非常积极的作用，提高了我国的国际竞争力，也让各种增值税的一般纳税人切实享受到了税收的优惠。在增值税方面，由于增值税在我国现行税制体系下的重要作用，在“营改增”阶段产生了较多的过渡期政策，一度使增值税比较复杂，随着“营改增”的完成，目前增值税的主要工作是将增值税的征收精简化、标准化，在精简税制的过程中，税率也随之下调，通过降低税率以促进经济的发展，保持经济的稳定增长。在与广大人民群众关联更加密切的个人所得税上，我国的税制比之前有了极大的突破，专项附加扣除的加入使得税制对于不同的纳税群体有了相应的优惠措施，这进一步强化了个人所得税调节收入差距的作用，也使得纳税人的负担大大减轻。

除了税收之外，我国的各项收费在地方财政所占的比重一直比较大，而非税收入占比较高是税收体系不完善的表现。过多的非税收入会对整个国民经济的运行带来比较消极的影响，也在一定程度上为贪污腐败提供了“温床”。因此，我国政府目前工作的另一个重点就是将各项非税收入规范化，纳入税收的体系中，来规避非税收入过高带来的弊端。

此外，我国从2019年起将社保费改为由税务机关征收，在这样的大变革之下使社保费进一步规范化，保障了社保收入，进一步发挥了社保的社会功能。类似这样的改革在未来还会越来越多，我国的税制体系也会越来越完善。

二、强化税收征管的监督与责任制落实

（一）强化监督制度的落实

首先，业务部门应该对自身业务可能存在的问题有所了解，实现自身的内部监督。业务部门作为最了解自身业务的部门，可以利用自身对于办税业务的熟悉程度高的特点，主动厘清执法过程，模拟执法环节，找出税收风险的多发易发点，将这些容易出现问题的关键环节根据权责划分到不同的岗位，让工作人员严格按照规范流程操作。

其次，要做好部门之间的相互监督。充分发挥税务机关不同部门的监督作用。一方面，接受税务执法人员举报违法行为的外部对象，对本单位税务执法活动中的违法行为进行定期检查和处理，提出合理建议；另一方面，要定期开展纪检监察工作，重点检查存在问题的违法行为，在整个税务系统内对违纪干部严格筛查，严惩不力的违纪人员，采取有效的方法予以制止。

最后，要有效利用社会监督的力量。事实上，无论是纳税人，还是公众舆论，都对税务部门的工作格外关注，这也为税务部门做好外部监督提供了良好的基础。税务机关对于这些来自外部的反馈要足够重视，更要积极地拓宽渠道了解这些反馈。不能关起门来做服务，要让大家的建议真正能为提高税务机关工作效率起到推动作用。

（二）落实税收执法责任

在我国现行的税法体系中，对于纳税主体的惩罚措施和力度明显要高于征税主体，这也导致纳税人对目前的税收法律体系的满意度并不高。事实上，目前税法更多的规定都集中在纳税主体的应税行为上，但是对于征税主体的相关制约措施并不多，力度也不够大。这就使得征纳双方并没有处在一个平等的法律地位上，这无疑会降低纳税人的税收遵从度。为了解决这一问题，

必须要建立健全征税主体在执法过程中的监督机制，提高对于征管主体的监管力度，对于在执法过程中出现的过失，要依法追究执法干部的责任，做好全面的监督和考核，保障广大纳税人的根本利益。

第一，税收责任制的实施是对税收执法的有效监督，有利于规范税收行政执法，保障纳税人权力不受侵犯。权力更多地意味着责任和担当，权力是人民赋予的，就要受到人民的监督，滥用权力的干部理应受到法律的制裁。如果监督不到位，违法者没能受到法律的制裁，那么必将助长违法者的气焰。反过来，强有力的监督和问责机制将威慑和约束执行者。税务机关内部对不遵守有关法律的税务人员要严加监管，以此维护法律权威。

第二，税务机关明确执法界限，尝试推行清单式执法。清单式执法要求执法人员在税收征管过程中检查项目清单要争取做到全部列示，不要对纳税人频繁反复地核查，执法的目的是帮助纳税人，而绝非对纳税人的日常工作造成影响。同时，对执法中发现的问题必须留痕记录，明确不同部门的职责范围，不能出现职责上的缺失或者重合，进而大大降低执法难度，规避执法风险。利用执法的留痕可以为之后遇到的同类型情况作出示范，帮助税务人员在短时间内筛选出更为合理的处罚方式和处罚标准，做到有据可依。这也是对于自由裁量权的有效补充，一定程度上可以规避执法风险，保障执法人员和纳税人的共同利益。

（三）加强税务干部执法工作培训

税务干部的综合素质在一定程度上影响着整个纳税服务的质量，也影响着一个地区的税收营商环境。因此，要推动税收征管工作的进步就必须从一个个税收征管干部的综合素质入手。一方面，可以通过开展线上线下多渠道培训的方式提高税务干部的业务水平，尤其考虑到税制变化较为频繁，更要及时对税务知识进行更新，以此帮助税务征管人员不断进步。另一方面，要提高税务干部解决实际问题的能力，加强对税务干部的考核，确立明确的考核制度。考虑到税务工作专业性和实践性较强，可以采用“老带新”的方式，在税务机关内部选拔优秀的业务精英，对业务开展不顺利、软件操作不熟悉的干部开展“一对一”的辅导。

三、优化自助办税服务，引导税务代理发挥作用

（一）优化自助办税服务

税务机关要大力推行电子办税。税务局可以通过大力推广电子税务局办税，让纳税人更加便捷地享受纳税服务。针对一些纳税人不会使用电子税务的情况，税务局要定期举行一些公开演示活动，形成有效的教学机制，让更多的人享受到电子办税的便利。还可以通过公开的讲解活动让纳税人关注税务机关的第三方网络平台，通过更多渠道去分流纳税人的办税规模，从而提高纳税体验。

基层税务机关应加强与领导部门的沟通，配合优化系统的功能模块，简化系统操作流程。设置专门的信息管理岗位，定期对纳税人反映的问题进行集中收集，及时向上级反馈，以此减少系统运行不稳定的情况。同时，与纳税人做好交流沟通，可以定期收集纳税人在实际操作过程中使用系统的经验，及时向省局反映纳税人对系统的意见和建议。同时，也要加强与系统开发者的沟通，有条件的可以让系统开发者和纳税人直接展开沟通，从而让纳税人的问题以最快的速度得到解决。

由于计算机系统和互联网办税的特殊性，一些技术问题税务人员并不擅长，这就需要设置专业的系统维护人员，实时关注系统运行情况，发现系统问题要及时上传系统故障报告至相关部门，保障系统的稳定运行，对纳税人申报纳税过程中存在的问题要提前做好预案，尽量减少因为系统问题对纳税人造成的影响。如果遇到要进行系统维护的情况，一定要提前在显著位置提醒纳税人。

最后，要按照统一规划、集中建设、分步实施的原则，全面整合原国税地税网站资源，加强数据标准化建设，统一数据格式，突破数据格式不通用瓶颈，联合采集第三方涉税数据信息，实现在线咨询、网上预约、网上登记、

网上审批、网上复议、涉税信息查询、涉税资料备案等服务功能，优化集办税、公开、互动、监督和维权为一体的电子办税厅，确保纳税人足不出户即可办理主要涉税事项。建立电子办税厅网上公示和意见征求栏目，及时公示纳税人缴税情况，重点公示欠缴人员的信用等级和违法处理情况，实时征求纳税人对税收工作的意见建议并做好反馈。①

（二）引导税务代理发挥作用

随着市场经济的发展，税务代理也在税收征管工作中愈发重要。由于多数纳税人的工作重点并非及时足额缴纳税款，而是更多地放在经营管理上，也导致纳税人对于相关政策的了解不够，容易发生纳税风险。此外，由于对相关优惠政策不够了解，很多纳税人并没有享受到应该享受的税收优惠政策，导致了税收负担较重。

作为税务机关应该鼓励和帮助社会力量在税收征管过程中贡献力量，并对税务代理工作开展正确引导，积极推动中介机构发展。这样既可以让企业享受到优惠政策，也可以节省征税成本，提高纳税服务质量，建立更加和谐的税收征纳关系。

四、优化税务机关征管与服务程序

首先，税务机关要整合办税事项，优化服务流程。利用自身对办税流程比纳税人更为了解的特性，税务干部可以提前模拟纳税人的办税流程，找出办税过程中的关键节点，对这样的关键节点设置讲解，可以通过语言文字和视频图示相配合的方式，对各种不同特点的纳税人提供帮助。在办税大厅的显眼位置，应该有相关的纳税指引标志，减少纳税人跑错路的可能性。如果遇到当天不能解决的问题，应当向纳税人说明缘由，承诺办结的时间，不要给出模糊的答案或者无法达成的承诺。

① 徐鸣希．广州市 W 区纳税服务问题研究［D］．广州：华南理工大学，2019.

其次，税务机关要简化办税流程，提高税收征管效率。结合地方税收的实际情况，对税收政策法规进行清晰明了的具体解释。要充分考量该地区纳税人的特点，将纳税人的办税流程进行标准化简明化，形成固定模式，不要总是让纳税人变动纳税方式，不断学习新内容。更不要把原有的简单问题复杂化，要从纳税人的角度出发来制定纳税流程。

再次，税务机关要实施分类管理，既要做好税务管理，又要做好税务服务，让二者相互促进，齐头并进。对于没有纳税风险的工作要把纳税服务摆在第一位，让纳税人体会到宾至如归的感觉，而不是像接受督查一样感到压力，这也能提高纳税人的满意度。而对于纳税风险较高的税源，这时候要注意税源管理和监控，保证税额能够及时足额征收。

最后，税务机关要拓宽信息传播渠道，优化信息传播途径。根据组织成员的相关理论，税务机关的基层成员与中层管理人员需要差异化的知识结构。由于工作特点，基层税务干部需要进行相关征税业务的实际操作。但是在我国目前现行税收组织结构中基层税务工作人员往往要对多个具体业务负责，而中层管理人员工作细分却比较明显，更多的税务知识压力主要在基层税务人员身上。因此，税务组织结构改革应当改变原有组织部门的划分方式，在税务机关的中层结构中要加强业务综合能力的学习，使中层组织为基层组织提供必要的支持作用。对于体量较大的基层税务部门，也可以进行更加细化的业务划分，让税务干部能更深入地了解相关业务，提高自身的业务能力。

第八章

地方税收治理成效及风险防范

2018 年 7 月 20 日，中共中央办公厅、国务院办公厅印发的《国税地税征管体制改革方案》，作为保证国税地税征管体制改革平稳有序推进的指导性文件，明确了国税地税征管体制改革的指导思想、基本原则和主要目标，提出了改革的主要任务及实施步骤、保障措施，并就抓好组织实施提出工作要求。①

国家税务总局下发的体制改革方案讲述了构建科学严密税收征管体系的宏伟蓝图，为进一步优化税收治理工作提供了新方向。地方税务机关应该以税收征管信息化平台为依托、以风险管理为导向、以分类分级管理为基础，进一步推进税收征管资源合理有效配置，对外努力实现纳税遵从风险分级可控化、对内绩效考核量化的现代税收征管方式，这也是税收征管体制改革的内容之一。在这样的时代背景下，对地方税务机关税收征管治理风险防范及保障机制的构建提出了更高的要求。

另外，地方税务机关做好基础管理，对于税收征管的监督管理环节开展了一系列工作，可以有效地强化地方税务机关查找征管中的薄弱环节，构建保障机制，化解税务系统内部风险。

---

① 中共中央办公厅、国务院办公厅印发《国税地税征管体制改革方案》［EB/OL］. 国家税务总局网，http：//www. chinatax. gov. cn/n810219/n810724/c3592736/content. html.

第一节　地方税收治理取得的成效

地方税收治理的范围远远大于税务部门的征管职责，它不仅涉及征纳双方的责任与利益，保障地方税收聚财功能的实施，也涉及税务部门与地方政府及其相关部门的横向关系，以及税务部门接受社会各阶层的监督。

一、聚财功能显著增强，减税降费激发市场活力

税务部门在1994年分税制改革后承担了更多的组织收入职能。在组织收入的重责之下税收征管工作进步明显，效率显著提高，大大促进了财政收入的增加，在这一阶段，我国的税务部门功不可没，税收工作在财政收入中越发重要。

目前，国际大环境复杂多变，中国经济下行压力持续增加，“互联网+”浪潮下传统行业面临转型。在这样的大背景下，地方税务机关的责任越发重大，这也对税收征管工作提出了新的要求。

越是在经济下行的情况下，政府越有必要通过减税的方式促进经济的发展，坚守税收征管政策，做大税基，为企业的长久发展提供新的助力。如此，税收制度才能有力地促进经济转型，为中国经济的复苏与发展起到积极的推动作用。

近年来，税制尤其是增值税政策变动较多，遵循了我国税改小步快跑的一贯政策，在增值税制改革上最具意义的无疑是“营改增”的经济政策。

2012年1月，上海率先开始营业税向增值税的过渡，同年8月多达10个省市紧随其后，并开始在更多行业尝试推广。

2016年5月1日，陪伴纳税人多年的营业税离开了人们的视线，增值税改革进行平稳，整体税负只降不增，对经济增长带来了较为积极的促进作用，

由于增值税的税收抵扣政策，国家税收整体收入减少超过 5000 亿元。①

2018 年 5 月增值税税率进一步降低，仅仅从 2018 年 5 月到 2018 年 12 月增值税一项便减税约 2700 亿元。同年 10 月，个人所得税进行大幅度调整，全年汇算清缴和专项附加扣除政策共计减税约 1000 亿元，真正做到了还富于民。②

2019 年的中央决算报告中，政府继续实施更大规模的减税降费，全年减税降费 23600 亿元，在利好政策的刺激下，经济增速一度超出预期，税基持续增长。最终，2019 年全年全国一般公共预算收入 190382 亿元，其中税收收入 157992 亿元，税收收入在整个财政收入中继续扮演着重要角色。③

2020 年超过 2.5 万亿元的减税降费规模，再次刷新了年度减税降费纪录，切实减轻了各类市场主体的负担。④

二、地方税务机构和人员的职责更加清晰

地方税务机关的队伍建设工作为税收体制改革提供了重要的人力资源，为征税活动提供了强有力的保障。针对税务机关组织较为庞大、管理干部数量较多、基层人员配置紧张、人力资源分配不合理的问题，税务机关及时通过相应的考核措施，提高税务机关内部的工作效率，提高税务人员的工作幸福感，将工作强度和工作待遇相匹配，激发工作人员的积极性。另外，税务部门注重高精尖人才尤其是领军人才的培养，严格税收征管人员的选拔和提拔政策，结合新的工作环境与互联网时代的要求，提升办税人员与目前工作

① 国家税务总局：2016 年营改增减税规模将超 5000 亿元［EB/OL］. 中国新闻网，https：//www. chinanews. com/cj/2016/12 - 23/8102584. shtml.

② 增值税改革全年减税预计超万亿元［EB/OL］. 国家税务总局网，http：//www. chinatax. gov. cn/chinatax/n810219/n810744/n4016641/n4016676/c4199945/content. html.

③ 财政部. 关于 2019 年中央和地方预算执行情况与 2020 年中央和地方预算草案的报告［EB/OL］. 中华人民共和国中央人民政府网，http：//www. gov. cn/xinwen/2020 - 05/30/content_5516231. htm.

④ 一系列税费优惠政策与疫情防控及复工复产进度同频共振——全流程跟踪确保减税降费落地落细［EB/OL］. 国家税务总局网，http：//www. chinatax. gov. cn/chinatax/n810219/n810780/c5161001/content. html.

的契合度。

根据《深化党和国家机构改革方案》第四十六条规定，改革国税地税征管体制后，税务工作者队伍进一步壮大。考虑到降低征税成本、提高政府效率、方便社会公众等方面的客观要求，将各项社会保险费划归到税务部门，由此进行统一征收，一系列的改革，有效地促进了税收征管的效率，让地方税务机关焕发了新的活力。

国税地税机构合并后，税务局实行以国家税务总局与地方政府的双重领导管理体制，依然具备垂直部门的特点，但跟地方政府的联系也变得更加密切。由此，各级税务机关联系地方政府的工作也变得更加重要，与地方的交流也更加密切。这就要求税务机关要优化各层级税务组织体系和征管职责，在精简税务机关设置的同时，厘清各部门的具体职责，重新分配各地区和部门的人力配比，从而提升税收征管效率，提高服务质量。

三、依法治税改革不断推进

依法治税既是对税务机关的要求，也是依法治国的延续和伸展。随着法律的逐渐完善，税收征管的规范也在进步，这也对税务人员的征管工作提出了新的要求。在税收征管的过程中，要坚决保证把税收征管的权力关进税收征管制度的“笼子”中，防止权力的寻租和利益的输送，做到征管过程中的公平公正。在强化税收征管法律基础的同时，也要把更多的目光放到税收服务上来，强化税收服务，打造优质的营商环境，在规避税收执法人员的执法风险的同时，抓住契机提高纳税人的满意度。

近年来，税务机关以纳税人需求为导向，以税收征管体制改革为契机，持续强化作风、政风、行风建设，不断优化税收营商环境，高效落实“放管服”改革，有效推进全市纳税服务质效提升，持续从便捷服务、政策落实、信息建设、规范执法、廉洁自律五方面综合发力，赢得了社会各界和纳税人的充分肯定。

四、纳税服务质效不断提升

随着“放管服”措施的推进，原来的税收征管部门也在逐渐地向税收服务部门靠近。同时，地方税务机关不断创新服务举措，以提高管理效能和工作水平，释放活力，为经济的活跃与繁荣做出了巨大贡献。目前，地方税务部门持续从不同角度提升税务服务，利用科技手段推广网上办税、自助办税，争取以更加便捷的方式为广大纳税人服务，让更多的纳税人享受到网络环境带来的便利。同时，利用不同部门之间的信息交流，提高税收工作效率，利用互联网的便利性让广大群众享受更加便捷的服务，减少对纳税人的时间和精力的消耗。

在国家行政审批制度精简的大背景下，国家大大精简了税务部门的审批项目，既让广大纳税人享受到了更多便利，也让地方税务机关把更多的精力放在最需要税务征管的地方。前置审批的下放和取消意味着在后续工作开展的过程中压力更大，工作也越发细致。

首先，税务部门将业务办理集中化。这有利于降低纳税人的时间成本，增加纳税的便利性，在集中办理的条件下，更多纳税人仅仅需要一次性打包各种材料，税务机关在规定的时间内给予反馈，在这样公开透明的模式下，纳税人减少了很多无谓的时间浪费，税务征管人员也降低了税收征管风险。

其次，对纳税人进行分级管理。由于各个企业在纳税过程中的表现不尽相同，有的企业一直依法及时足额地缴纳税款，从未试图逃税的行为，对于这样的企业理应对它给予信任，也可以减少税收征管资源的浪费。但是，对于经常有偷税漏税嫌疑的企业，要对它给予相关的制裁和严格的防范，以此保障税法的权威。在这种压力之下，企业也不容易铤而走险，在一定程度上也遏制了违法现象的发生和升级。这样既方便了地方税务机关的征管工作，又为企业提供了方便之门，可谓是一举多得。

最后，推行风险管理。在国家对相关审批后置的大背景下，税务机关也逐渐地从事前控制转变为事中和事后控制。风险管理政策要与时俱进，适应国家的新政策新要求，尽最大可能减少因为缺乏事前管理而带来的新风险，从而为助力经济发展做好充分的准备。

国家税务总局发票管理系统的改进逐步推行到地方税务机关，这让新系统覆盖了所有增值税纳税人，通过对发票链条式的监管了解整个纳税企业的经济活动状况，这也是经济预测的重要手段之一。同时，随着移动互联网的不断升级，税务机关可以通过更多手段与纳税人沟通，从而加强纳税人的依法纳税意识，提高税收遵从度。

第二节　地方税收执法风险的基本类型

风险是现代社会发展的正常现象和必然结果。同时，税收征管中同样存在着众多风险，从我国近年来基层税务机关征收管理的实际情况中发现，虽然税收征管的质效在不断强化，但是税收征管工作由于涉及的情况比较复杂，所以一直难以做到尽善尽美。随着税收规模增大，税收征管中也暴露了很多新的问题，这也加剧了税收征管的风险和税源的流失。

一、税务机构整合面临的风险

国税和地税合并后，要切实理顺人员和职能的关系，仍面临一些困难。国税地税双方虽然曾经同属总局管辖，但是由于国税局和地税局的行政归属和主要工作不同等原因，长期以来按照不同的管理模式运行。本次国税和地税系统的合并不是简单的“物理合并”，而是涉及两个部门机构和人员重整的“化学反应”。由于资料档案、机构制度、人事关系等都需要重新进行调整，只有实行恰当有效的监督和融合方式才能不断推进改革。这个合并融合过程也会带来税收征管上的风险。

从实际工作的角度来看，工作人员一方面要做好税收征管，另一方面要适应新的制度、文件要求等，会花费相当一部分时间在内部工作协调上，甚至会出现一些浑水摸鱼的偷懒行为。这都会在客观上影响税收征管工作的效率，为纳税人逃税提供更多的机会，最终导致税款无法应收尽收。

国税地税的改革暴露出过去管理模式中存在的一些问题，旧的问题尚未解决，新的变革已在眼前，新旧过渡需要慎之又慎才能不削弱税收征管力量。随着市场经济的不断发展，纳税人必将显著增长，基层税务机关工作量也会明显加大，从目前的情况来看，基层一线力量依然薄弱，专业能力、年龄结构、硬件设施、系统更新不及时等因素依然制约着服务质量和管理水平的提升。

人员的重组是合并后最关键的一环。从税收服务到管理，从机关管理部门到基层一线工作，改革必然会带来大量的工作量和压力。怎样使工作人员从压力中找到工作价值，减少改革带来的心理和工作冲击是降低风险的有效手段。与其他行业相比，服务业中的“人”占据重要位置，这需要行之有效的管理手段和政策解读。做好“人”的稳定过渡一方面会加快改革进程，另一方面会从实际上减少改革带来的管理风险，减少新情况带来的新问题。

二、税收执法过程中面临的风险

（1）执法要求越来越严。随着依法治税工作的深入持续开展，上级机关在不断规范进户执法，出台行政审批清单等一系列规范性文件，并对基层一线工作人员执法流程及监督问责提出了具体要求。如何规范有序地执法成为“法治税收”建设的重要内容。但在实际工作中，基层一线执法人员年龄偏大，业务基础不扎实，有些工作人员执法能力和综合素质参差不齐，对新的政策规定解读和执行起来都有较大困难，因此可能带来执法漏洞和管理风险。

（2）社会对税收的关注度越来越高。随着法治进程的不断加快，纳税人的自我意识不断增强，社会舆论和社会监督的机制日益成熟，对税务机关执法的要求越来越严格。税务机关工作人员如果在执法程序和方式上出现偏差，就有可能产生执法过错，引发征税矛盾甚至负面舆情。因此，在税收政策法规的改革过程中，应格外关注纳税人的感受，避免引发矛盾和问题。

（3）税务机构与人员上下级的协调有待加强。税务机关中级别较高的单位多是作为税务业务的主管部门，而税收征管的任务则根据不同的地区划分到下属单位具体负责，导致级别较高的税务机关和纳税人的直接联系较少，税源的管理职能也都被留在了基层单位。这样的机制之下，无疑加大了基层税务机关的工作任务，让基层税务机关的工作越发复杂，往往一个税务干部要承担远远超出自身能力的工作，工作压力增加。然而，相应的，较高级别的税务机关对税源的把控不足，上下级之间的部门职能重合，也在一定程度上造成了管理资源的浪费。

三、税收监管面临的风险

（1）风险管理机制缺少政策支撑和明确定位。当前，我国税制正在进行改革，纳税人税收遵从度会在一定程度上有所上升，但是，由于税收风险管理相关的税收法律还不系统，这就给税收征管工作带来了新的问题。地方税务机关进行风险应对时常采用评估的方法，这种评估依托的政策文件就是国家税务总局的规范性文件，缺少对不同地区、不同情况的具体分析，因此，效率较低，地方税务机关工作人员在面对税收遵从风险时往往束手无策，税收执法具有一定弹性，不利于对税收风险的防范。除此之外，实际执法中存在管理工作与检查工作衔接不顺畅的问题，这也会带来执法风险。税务机关注重事后督查和审计，而缺少对机制运转时的监督，存在由于监管滞后而产生的风险。

（2）责任体系不健全，不利于风险管理机制运行。过去的机构设置是层级制，传达工作时经过的层级和人员较多，降低了工作效率，这会导致不同科室之间出现交叉重叠的职责，甚至会出现不同职能部门相互制约的现象，带来一些不必要的损失，降低行政效率。税务机关早已意识到了这个问题并及时开展风险管理，但目前的管理方式仍不成熟，且基层一线税收部门工作压力大，精兵强将少，很多税收管理岗位的人员一人身兼多职。另外，没能充分发挥税源调查、现场查验、纳税评估等风险管理的制度优势。同时，风险管理和内部控制缺乏考核评价指标。在税收征管中应该想明白不同部门之间的分工，把具体工作分解到具体岗位上，并且这个岗位负责这项工作是具有实际操作性的，理清岗位职责，减少职责交叉，优化岗责体系，梳理工作流程，并结合各地实际加以推广，才能逐步实现岗位分工理想化。

（3）风险管理存在多头部署、重复部署等情况，缺乏统一的管理机制，税收征管水平受到风险管理不力的影响。不同职能部门相互制约影响，各科室安排工作的时候由于设置问题，对于一些工作缺乏了解和沟通，这就导致一些工作可能会突然大规模聚集，让税收工作者疲于应付，难以很好地完成自身工作。在这样的重压之下，税务工作者难以完成有关部门交给他们的任务，更谈不上提升自己的相关业务能力，难以在工作中取得进步和提升。同时，在对企业的评估实践中也出现“多头评估”“多次评估”等现象，极大地降低了评估的工作效率，并造成税收征管资源的极大浪费，这也是对国家行政的不良消耗。

四、征管技术变革带来的风险

税收征管信息化管理的初衷是加强税源监控、促进征税信息共享、提升税收征管效率。这对地方税务机关强化管理提出了新的要求，目前地方税务机关主要存在以下风险。

（1）地方基层税务机关涉税基础信息资料需进一步充实。虽然地方税务机关纷纷开展风险管理、专业化管理和分级分类等工作，存在积极的一面，然而事实上部分单位忽视了基础管理工作，也没有正常履行基础管理的基本职能，这也导致了相关基础工作开展存在问题。这样的问题在人员相对匮乏、资源相对缺少的基层税务机关尤其明显，也会出现基础税务信息不明晰、更新滞后，税务部门无法及时为纳税人解决实际困难，造成不利的社会影响。

（2）纳税评估效果不明显。纳税评估难以有效进行的重要原因之一是技术条件不达标。纳税评估需要运用大数据对大量的筛选对象进行对比分析，但税务部门掌握的纳税人申报、行业经营和上游下游等税务信息较少，存在信息不对称的现象，并不能做出最优的选择，这也加大了评估的难度。

（3）实施信息技术征管的机制不完善。目前，“金税四期工程”即将上线，可以说，税收信息化建设已经逐步加强，但是，技术强大并不意味着效率提高，这里有一个机制构建的问题。首先，与税收征管风险有关联的税收管理平台和系统数目较多，但是它们之间的监测重点并不一致，处理的风险信息也不尽相同。考虑到不同系统间的互补性，这其实是对整个税收监管起推动作用的。但是在实际工作中，不同税务系统中的数据难以实现融合，导致风险并没有得到有效的控制，没能对风险起到一个提前预警的作用。其次，一些信息对于税务征管机关来说获取难度依然巨大，在信息爆炸的时代，税务机关要处理的数据远比想象中的更复杂。而具体的财务数据往往掌握在纳税人自己手中，更多的时候税务机关只能是被动地掌握纳税人提供的数据，这就导致了纳税人掌握了纳税的绝对信息优势，税务机关征管难度进一步加大。最后，税务机关在税务采集上的效率也需要进一步提升。诚然，随着信息技术的进步，税务机关的信息来源渠道有所增加，但是仍然未能达到理想水平，和其他政府部门形成的共享机制未能体现高效特征，在调集某些数据时受到掣肘，这必然会影响税务机关的工作效率，也难以检测数据的真实性，影响到税收风险的有效控制。

随着经济的迅速发展，市场经济的重要性日益凸显，纳税人的经济活动显著增加，活动频率逐渐提高，活动内容逐渐复杂。经济活动的复杂化对税务干部的业务能力也提出了新的要求，比如，税务干部对于各项政策的具体运用要足够了解，将税收政策运用到征管工作中，通过税收政策的运用对纳税人进行合规的管理。但考虑到税务知识的专业性和复杂性，其对税务干部的学习要求是极高的。然而在实际工作的压力下，税务干部的相关技能掌握得并不理想。

五、税源监管面临的风险

经济增长毫无疑问会导致税源的增长，但不能简单地认为只要税源增长了，税收收入就会增长，因为税源只有通过税收征管才能变成真正的收入，由于市场情况复杂，税源未必能够真正地变成收入。那么为了保障税源顺利转化为税收收入，税务机关就必须建立一个完善的风险控制体系，避免税源流失。

各个地方随着主城区土地资源的饱和，为了适应经济的发展，很多企业都面临着撤离主城区的客观需求，那么为了方便对这些优质税源的管理，税务机关也需要及时建立派出机构服务搬迁企业。在条件成熟的时候，一些派出税务机关也要逐步转正。税务机关要结合当地的产业特点，采取专业化的征管模式。但是实际情况往往是由于企业数量不断变化，经济环境复杂多变，税务人员配置和客观情况总是难以同步。科室的职责不同，决定科室的人员比例和规模不同，这就意味着税务机关需要根据经济形势作出及时的调整，但是这种经济形势是多变的，而税务机关的科室和业务调整却要保持一定的规律性，变动过渡要平稳，这在一定程度上使税务机关的人员配比存在滞后性，对很多工作的开展产生了不利的影响。

尤其是在国税地税合并之后，税务机关的工作变得更加复杂，税务干部的人员规模也有所增加，而且还要存在一定的整合过程，这无疑也加大了开展工作的难度。一般而言，税务机关的主要重点税源的管理难度大、经济事项复杂，这样的企业主要由经验丰富、业务能力强的科室负责人和税务人员管理。剩下的重点税源则按照一定的分配原则均分给其他的税收管理员。而对于一些一般税源、零散个体税源，则按照划片式属地管理，从而减少工作中的冲突。就整体而言，地方税务机关对税源的划分管理工作仍处于比较初级阶段，这需要在今后的工作中进一步细化，从而提升对税源的监管，降低税源流失的风险。

从国家税务总局的角度来看，国家税务总局一直在推动长三角地区的地方税务机关利用纳税信用的方式进行税源上的细分。一方面，地方税务机关要积极建立动态信用积分。在统一纳税人信用账户、统一业务规则、统一评价标准的基础上，在长三角区域探索共用纳税人信用动态监控评价信息，共用评价结果，并按评价结果实施相应的差异化管理和服务措施。对信用积分高的纳税人，可给予简化报送资料、缩短办理时限、减少实地核查等激励措施。另一方面，各个地方税务机关还要做到共认纳税信用评价结果，只有结果上互认，才能发挥出信息评价体系的重要作用，推进纳税人和地方税务机关对于纳税信用的认可度。长三角地区税务机关正在积极促进各地区税务机关实行区域内纳税信用评价信息跨省（市）查询，及时向纳税人推送信用评价信息。但是这种改革不应该只停留在长三角地区，可以借助各地区一体化的东风，继续向粤港澳大湾区、京津冀地区等进一步推行，当时机成熟时进一步向全国范围推广，真正做到纳税信用的规范化，这也为税源监管细分提供了依据。

六、涉外税收面临的风险

我国自改革开放以来，一直致力于通过引进外资促进经济发展。而在我国的经济建设中，外资的加入也无疑推动了我国的经济发展。目前，我国进一步加强改革开放，引进外资的大门不会关闭，反而会越开越大。习近平总书记也一直在强调全球命运共同体，这无疑对我国利用外资注入了强心剂，外来企业也愿意在中国投资，在这样的大背景下，我国的进出口规模不断增加，这也一定程度上增加了我国的税收收入。

外资进入为我国劳动者提供了很多就业机会，促进了我国经济发展。相应的，各个地方税务机关也在为提升税收营商环境做出自己的努力。例如，上海市地方税务局就在提升税收营商环境上提出了一系列措施，接下来，长三角地区以上海优化税收营商环境举措为基础，逐步形成区域税收营商环境升级版清单。地方税务机关也要对标国际一流营商环境标准，试点关联性税种合并申报，推进财务报表与纳税申报表的自动转换，为国际间的经济合作打下坚实的基础。

然而，机遇与挑战并存，外资的进入，也为税务机关税收执法带来了一定困难，使税务机关不得不面临涉外税收的风险。

第三节　地方税收执法面临风险的主要表现形式

一、税收制度的属性有时具有不确定性

税收制度包括税收法律、法规和部门规章，以及地方性税收法规，除了下位法不能抵触上位法的要求，对于征管部门和人员来说，法律效果是一样的，即无论是税收法律、法规，还是规章，都必须作为执法的依据。但是，不同的税收制度由于制定的层级不同，权威性也不同，且存在界定是否明确等问题，这都会给征管人员执法带来不同的风险。

1. 以成文法为主体的事实带来的风险

我国是以成文法为主体的国家，而成文法的特点之一是对法律责任的判定基于执法者对法律、法规表述的理解。由于税收法律、法规、部门规章内容及定义不确切，条文规定空间太大、合法与非法界限不明，极易形成税收陷阱。例如，依据《税收征收管理法》第四十五条规定，国家税务总局在2005年出台的《纳税担保试行办法》第十五条将房屋以外的与地面连接不可移动的标的物定义为“地上定着物”。而《土地增值税暂行条例》第二条规定却将其定义为“附着物”。由于缺乏税法立法的系统性、规范性和统一性，立法过程中出现多元化和多级化现象，缺乏对各主体之间税收立法权划分的法律条款规范，以致各主体之间各行其是，导致税收法规之间出现内容前后矛盾、相互冲突的现象，使税收征纳双方无所适从，甚至出现税法执行上的困难与偏差。

2. 税收法律体系不完善带来的风险

截至2021年5月，在近20部税收法律法规中，有12种税法属于法律的范畴，其余都是由国务院颁布实施的税收法规，尽管这些法规经过了全国人大的授权，但由于立法层次低，法条内容时有疏漏，不严谨、难操作，修补更易就成了家常便饭，在给税务部门依法执法、依法征税带来了一定困难的同时，更为纳税人进行税收筹划带来更大的困惑。

3. 税法本身的缺陷带来的风险

由于税收法律、法规本身在立法阶段不够严密，导致在执行过程中产生争议，而补充规定尚未出台，或出台不及时，也有可能即使出台了，补充规定自身也有漏洞，这就使税收执法过程中出现很大风险，例如，在《国家税务总局关于确认企业所得税收入若干问题的通知》没有出台之前，涉及“买一赠一”促销方式时，关于增值税中“将自己生产的货物无偿赠送他人要视同销售”，不同的地区理解执行有所不同，同一个集团公司分别在甲、乙两个地区会遇到不同的税收待遇。在《国家税务总局关于确认企业所得税收入若干问题的通知》出台之后，河北省国税局于2009年印发了《河北省国家税务局关于企业若干销售行为征收增值税问题的通知》进行了呼应，而某些省份并没有给予明确解释，仍然维持原来的执法标准。

4. 未经充分调研即出台的税收法律法规带来的风险

我国有的税收法规在出台前，未经详细调查研究，更未进行全面统筹，因此往往引起税法规定与纳税人实际情况相背离，使纳税人无所适从；有些税务法规与更高级次的法规发生冲突，基于某种方面的考虑，往往不能及时纠正；税务法规变化过快，加之信息传输渠道不畅通，难以让征管人员准确掌握。

5. 税收法律与其他法律法规之间不协调

在税收立法中，不仅存在税收法律体系内部程序法与实体法、各个实体法之间不协调甚至冲突的问题，也存在于税收法律法规或规章与其他相关法律不协调的现象。例如，我国早在2008年8月29日十一届全国人大常委会第四次会议关于《刑法》第七次修正案中就已经用“逃避缴纳税款罪”取代了“偷税罪”[①]，而根据2013年6月29日第十二届全国人民代表大会常务委员会第三次会议《关于修改〈中华人民共和国文物保护法〉等十二部法律的决定》第二次修正案中仍然沿用了“偷税”的概念。[②] 由于税收执法与司法难以对接，税收征纳双方出现争议需要“对簿公堂”时，司法难以作出公正决断。

---

① 中国人大网，http：//www. npc. gov. cn/huiyi/lfzt/xfq/2008 -08/29/content_1447399. htm.

② 中国人大网，http：//www. npc. gov. cn/wxzl/gongbao/2013 -10/22/content_1810992. htm.

二、税收征管与使用的“条块”利益协调难度加大

税收征管体制的核心内容就是税收的管理与使用权限划分问题。然而，国税地税合并之后，税务征管与地方税收归属就成了直接触及的利益交割点。尽管2014年新修订的《预算法》第五十五条明文规定，各级政府不得向预算收入征收部门和单位下达征收指标，这里的征收单位自然包括税务部门。这不可避免地出现“条块”利益矛盾。

1. 地方税务机关接受“双重管理”的协调问题

税务机关征管要求不受地方政府的干预，此外，央地税收的划分以及地方（省、市、县）三级税收分享与使用，与各级地方政府有着千丝万缕的联系，这就会使税务机关执法处于一个非常尴尬的地位。

2. 地方税务机关被动完成“任务税”的风险

一方面，一些地方政府为了招商引资，往往擅自扩大税收优惠范围和力度；另一方面，为了保障本级地方财力，又要求本级税务机关完成“任务税”，河北景县违规征税就是一个很好的例证①。

① 据有关报道：景县政府及有关单位未认真贯彻落实党中央、国务院关于“六稳”“六保”的决策部署和工作要求，存在不切实际压税收任务、搞税收排名，集中清缴补缴欠税，向企业分解税收任务、征收“过头税”等问题。一是景县政府不切实际下达税收任务，搞税收进度排名。经查，2020 年 4 月，景县政府在未考虑疫情影响、未充分调研的情况下，以对复工复产形势较为乐观为由，盲目向 16 个乡镇下达上半年税收任务 8.48 亿元，同比增长 15.72%，其中，二季度税收任务 4.25 亿元，同比增长 18.8%。为加大征收力度，景县政府违规对乡镇税收完成进度每日进行排名通报。二是景县税务局开展集中清缴补缴欠税。由于上半年税收任务完成缺口较大，4 月下旬以来，景县税务局先后 2 次向景县政府提出集中清缴陈年欠税的建议，并在景县政府协调下，会同县自然资源和规划局等部门对圈占工业用地的企业集中清缴城镇土地使用税，对实际占用批而未供耕地的企业或个人集中清缴耕地占用税，对部分企业陈欠多年的增值税和房产税进行清缴。为加大清缴力度，景县政府协调税务、公安部门建立“税警联络机制”，有关税务人员在微信群中明确提出催缴要求，并向企业警告“拒不缴纳的，按照税警联络机制移交公安处理”。截至 2020 年 6 月 19 日，景县税务局已催缴城镇土地使用税及滞纳金 144.13 万元，催缴耕地占用税及滞纳金 1077.06 万元。另据统计，5 月份景县征收的城镇土地使用税、耕地占用税分别是去年同期的 25.88 倍、3.27 倍。三是个别基层税务机关向企业分解税收任务，征收“过头税”。因广川镇在二季度各乡镇税收任务完成进度排名中处于末位，与上级提出的税收目标任务差距较大，5 月下旬，景县税务局龙华税务分局将广川镇二季度 6422 万元税收任务违规分解到 260 个企业。资料来源：关于河北省景县违规征税摊派捐款举债搞迎检办大会等问题的督查情况通报［DB/OL］. 中华人民共和国中央人民政府网，http：//www.gov.cn/hudong/ducha/2020－06/28/content_5522320.htm.

三、税务自由裁量权缺乏执行细化指标

《税收征收管理法》赋予了税务机关工作人员在实际工作中许多自由裁量权，例如税款征收、违法行为处罚等，既体现了执法的合理性，又体现了执法的灵活度，是我国法治进步的体现。

但是，在实际工作中，由于自由裁量标准没有细化指标，容易被滥用。在自由裁量的区间内，可以在一定的范围内适用自由裁量权，这不仅容易受到人际关系或执法者自身素质的影响，出现税法政策的执行打折现象，也容易被某些执法人员利用“自由裁量空间”进行以权谋私，加剧权力的寻租，滋生腐败，提高执法风险。如果这样的话，自由裁量权就体现不出其制定的初衷，甚至会成为执法人员合理执法的障碍，为执法人员带来风险和不必要的问题。

四、现代化税源监管理念和技能滞后

1. 税务人员对于事前监管重视程度不够

从监管程序上划分，税收管理分为事前管理、事中管理和事后管理，税源监管属于事前管理的重要内容，属于风险前置，有利于化解和防范风险，使违法危害程度降到最低，属于现代风险管理战略的重要理念。然而，税务人员基于多年的管理思维，习惯于“头疼医头、脚疼医脚”的征管方式，所以对于新的管理理念接受度不高。

2. 注重优质税源监控，忽视风险全方位防控

尽管国税地税合并以后，地税机关的税源管理机构与国税机关的风险防控机构进行合并，突出了税收风险管理的重要性，但是对于税务机关来说，完成税收收入是税务干部的首要任务，在这种思想的影响下，地方税务机关就会把更多精力放在对规模较大的税源的征管上。但是，在税收征管过程中，不会因为是重点税源风险就变大，也不会因为税源占比较小而风险变小，可

以说风险无处不在，尤其对于地方税源来讲更为明显，因为从税种划分上看，比重比较大的税种基本都成为中央税或中央地方共享税，地方税本身只剩下零星或占比较小的税种，如果突出“抓大放小”，势必加剧地方税收征管漏洞，使得地方财政收入更加缩减。

同时，随着税务局将一部分原本需要审批的事项转为备案，对于税务局的监管也提出了更高的要求。对于税收管理风险来说，往往没有比较靠前的关注，税务机关也仅仅是努力地做好事后管理，而对于还未出现的风险缺乏预测和防范。

3. 缺乏引导纳税人提高税源监控重视程度的策略

近年来，在纳税服务方面，税务机关做了很多工作，也取得了较大成效，然而，某些税务部门在优化营商环境，强化“放管服”的过程中，出现了错位现象，过于强调“放”和“服”，放松了“管”，使得一些纳税人出现错觉，认为只要税务机关抓不到我实质性偷税行为，就不能认定我违法，就必须给予我宽松的纳税环境，否则，就是“刁难”纳税人，“破坏”营商环境。在这种思维方式引导下，某些纳税人不是充分利用国家的税收政策，投资或经营国家鼓励的行业或产业，而是以“税收筹划”之名，行偷税之实。由于缺乏有效的引导，久而久之，一些纳税人履行纳税义务的自觉性越来越淡漠。

五、涉外税务征管与服务难度加大

随着我国进一步对外开放，外资数量继续加大，外资企业的进入也为地方税务机关税收执法带来了较大困难，主要体现在三个方面。

1. 地方政府擅自开出外资税收优惠条件

由于地方政府在招商引资时，为了尽快促使外资企业投资落地，往往不顾国家税收制度和法律法规规定，擅自承诺比税收法律规定更为优惠的条件，造成这些外资企业在税收收入上没有做出与之盈利水平相匹配的贡献。

2. 外资企业较强的避税技术

外资企业通常具有较强的避税意识和技术，常常利用国内外的会计制度差异、税收政策差异、公司架构、管道公司等手段从事避税行为，这就导致了外资税源的流失，也加剧了外资企业和内资企业竞争上的不公平，从而减弱了税收调控功能。

3. 涉外税收双方法治理念、思维方式等存在差异

外资企业对良好的营商环境有着迫切的需求。但由于思维差异和语言的表述方式等差异，有时候会导致对政策的理解存在偏差。此时，税务干部与外资企业在对接工作时如果沟通不畅，就会影响工作效率，降低外资企业对于税收服务的满意程度，甚至在一定程度上会降低外资企业对于中国市场的信心。

六、执法过程缺乏强有力的横向监督

国税地税合并之后，税务机关高度垂直属于国家税务总局领导，尽管税务系统已经建立了较为健全的内部监督体系，然而，有时也难免出现“当局者迷”的情形。相对于系统“纵向监督”而言，地方政府、财政机关、纳税人，是同级税务机关的利益关联相对人，预算任务能否完成，纳税服务是否到位，税收征管是否坚持法定、公平原则，这些只有同级相关利益体才能有切身感受，因此，具有法律效力的相关“横向”外部监督显得较为薄弱。

七、税收征管人才储备不足

近年来，尽管在一线充实了部分年轻税务干部，但是由于历史问题，很多税务征收队伍一线执法人员年龄普遍偏大，年轻税务干部仍然相对较少，同时，地方税务机关多在基层，难以吸引高学历和高素质的人才，这就导致了地方税务机关的高级复合型人才和专业人才较缺乏。同时，由于基层税务工作压力大，学习时间不足，而税务知识变化较快，这也导致相关知识和实际工作的衔接出现问题。两者的共同作用下，更加对基层税务机关的执法带来了压力。基层一线管理人员已经出现年龄断层，很难完全掌握互联网报税的一些操作规范。

第四节　完善地方税收治理风险防范机制的基本对策

一、构建“合纵连横”机制，拓展综合治税功能

国税地税合并之后，受“条块”利益切割，不仅涉及中央与地方税收财权归属与征管问题，也涉及省、市、县三级财力的税收利益分享问题，尤其是实行“县财省管”以来，地级市财力有逐渐被抽空的趋势，地级市的城市辐射功能受到抑制，因此，既保持地方税收管理体制的相对独立，又要处理好区域内横向与纵向的财力分配关系，就必须处理好税务与地方政府各部门的关系，以及税务部门征管中税与费的关系。

1. 进一步优化税收征管与服务新机制

国家治理现代化首先是治理理念的现代化。地方税务系统，不仅是聚财的职能部门，作为政府机关，也是提供公共服务的部门，在为国聚财的同时，为纳税人提供优质服务，是义不容辞的责任。因此，首先将纳税服务规范升级为《全国税务机关纳税服务规范》（3.0 版），并进一步强化税务稽查工作中税务系统内部稽查部门与风险监控部门的合作，以及税务部门与同级地方政府各部门的协作，根据财税部门归属“条块”结合的机构设置特征，推进税收征管机制深度融合，建立财政、税务线上合署办公沟通机制，搭建税费征管交互平台，将税收征管与非税征管通盘考虑。

2. 强化中央及各级地方政府的协调机制

从不同层面上看，不仅需要国家税务总局尽快将全国划分为若干区域税收协同共治板块，出台诸如长三角“16 + 10”征管措施，更需要从国务院财政、税务主管部门视角联合出台一些规范性文件，为各级地方政府财税部门

在“税费一体化”征缴中构建协同机制，提供政策支持和法理依据，鼓励地方政府给予综合治税政策等方面的鼎力支持，强化同级政府协调能力，突出税收征管“团队意识”，建立健全税费协同工作机制，搭建各相关部门协同治税的桥梁。

二、变革税源管理模式，健全风险评估机制

按照“放管服”的改革要求，为保障税收征管真正做到“放得开、管得住、服到位”，应该以现代信息技术为依托，以税收风险管理为导向，在实行“分类分级管理”的基础上，推行纳税人自主申报纳税，提供优质便捷的办税服务，变革税源监管模式，加强税收风险监管与防控，降低征纳成本。

1. 建立国际化信息征管网络

在“大数据”背景下，以“互联网+”为平台的现代信息技术已经高度融入税收征管体系，借鉴国外大企业税收管理经验，有效运用现代信息技术，对接国际税收协作平台，积极推动多边信息交换机制，参与全球税务合作。

2. 将典型的“互联网+税务”模式推广至联合区域

税务部门应积极推进区域“网络信息与智慧城”建设，提升自身信息化发展水平，在信息基础设施建设、资源共享、信息互通等方面提升税务部门决策水平和政务服务水平，借鉴“长三角”税收征管“16+10”区域协同举措，将广东省、河北省等先进的云办税厅（电子税务局）功能的辐射范围扩大，覆盖横向区域，提高纳税服务效率，降低纳税服务成本，增强纳税人满意度，提高纳税人税收遵从度。同时，在税务稽查、税源监控、反避税防控机制等方面，做到信息共享，通过优化多维性、网格化、纵横交错的现代征管信息系统，构建起严密、安全、高效的现代征信体系，强化风险监控，降低税收征管风险。

3. 强化涉税信息规范，打造税收“国标”数据

一是推进税收数据处理“国标”体系。从国家层面统一数据格式，规范

民间软件开发团体开发的涉税软件标准，提高不同系统数据共享的兼容性；二是打造安全有效的涉税信息风险防控网络，既要做到“外信内享”，还要防止“内息外泄”，强化税务数据共享的防火墙设置，提高税务系统信息拷贝的闭环性能。

4. 加大信息系统整合，推进区域数据共享

由于区域的利益切割，有时候，尽管本省（或本自治区、本市）的涉税信息可能达到税务与同级财政、公安、国土等部门的共享，但还不能实现区域内横向共享。由于信息合作方面信息不对等，这不仅导致税务机关在为纳税人提供纳税服务时效率低下，在征管方面，也为税务机关增加了较大风险，因此，建议税务机关打破与区域内相关政府部门壁垒，真正实现区域数据库的共享。

三、建立激励约束机制，提高基层干部素质

随着改革的进一步深入，新业态日新月异，税源监管、税款征收、税务稽查手段要与时俱进。为了尽快适应新的征管环境，就必须打破传统，以 2019 年颁布的新《中华人民共和国公务员法》为依据，建立激励约束机制，激发年轻干部强化业务素质、勇于去基层锻炼的活力。

1. 健全绩效考核机制，加大绩效工资占比

对绩效考核指标进行精细化设置，将成本、时间、效率等指标加大占比，优化不同层级评优比例，适当向基层下沉，实行考核责任追究制，将考核者变成责任承担者，对担任考核的部门和人员实行责任追究制，防止考核中营私舞弊。

2. 加大专业培训力度，提高人员业务素质

通过丰富培训形式，如采取进修、调研、通过案例分析异地稽查等形式，拓展基层税务人员的视野，加大培训力度，根据学员工作和业务需要，建立“定制式”培训计划，健全培训考核机制，防止培训流于形式。

3. 构建精神激励机制，提高人员职业素养

培养基层税务人员敬业精神和职业荣誉感，防止职业倦怠，适当改善工作环境，建立心理疏导机制，丰富职工文化生活，构建上下级心理沟通管道，消除工作中的心理障碍。

4. 改革职级晋升标准，拓宽职级晋升空间

拓宽晋升空间要做到提高人岗匹配度，根据不同的工作性质，有针对性地设计不同的晋升机制。如在专业技术部门和综合管理部门设置相同等级的职位，表现优异的专业技术人员和综合管理人员可以分别晋升到更高层次。除了提拔股所级“实权”职级，也可以增设“科级科员、副科级科员”等虚职，满足基层专业人员的荣誉感和获得感。

四、加强国际交流合作，强化涉外企业管理

外资企业涉及国际税收协定、避税与反避税、国际税收情报交流等诸多问题，因此，必须加强国际税收协作。

1. 加强涉外企业的日常监控

地方税收部门不仅要加强对涉外企业经营状况和财务情况的动态监管，还需要加强与海关、工商、银行等相关部门的联系，建立信息交换合作平台，掌握一些外资企业的关联信息，例如相关公司情况、进出口变化情况、商品交易信息等，善于从关联信息中找出异常。

2. 强化国际税收协调

通过加强国际税收协调，建立国际税收信息共享机制，及时了解跨国公司关联企业间的经营、筹资行为，尤其是投资或兼并行为，一方面防止税收重征增加企业税负，另一方面也防止企业滥用国际税收协定实施避税。

第九章
搭建便捷高效的纳税服务体系

党的十八届三中全会提出，全面深化改革的总目标是“完善和发展中国特色社会主义制度，推进国家治理体系和治理能力现代化”。根据党的十八届三中全会精神，国家税务总局也提出了我国在2020年基本实现税收现代化建设目标。便捷、高效的纳税服务体系作为税收现代化建设的重要组成部分，成为税务工作的必然要求。因此，着力打造现代化的纳税服务体系，努力给纳税人提供便捷、高效的优质服务，不断提升纳税服务水平，对于加强税收征管工作，改善税收征管环境，扩大税收收入规模，有着积极的促进作用。税务机关如何将纳税服务作为一个永恒主题贯穿于税收工作全过程，按照《中华人民共和国税收征收管理法》（以下简称《税收征收管理法》）的要求，实现社会对建立“服务型”税务机关的愿望，是摆在我们面前的一项重要课题。

第一节　我国纳税服务体系形成的历程与现状

一、我国纳税服务的发展历程

自新中国成立以来，税制建设步伐不断加快，税制越来越完善。在税制建设过程中，纳税服务体系经历了从无到有、从欠缺到逐步完善的过程。

新中国成立初至1992年，这段时期我国的所有制形式相对单一，以公有制为主体，税收主要来源于国营企业。对于国营企业而言，由于其生产资料的国家所有制性质，决定了国家具有分配上的绝对控制权，政府向国营企业征税相当于作为所有者去拿走它应当得到的那部分利润，更多地体现出的是作为所有者参与的一种利润上的分配，至于如何分配、分配多少，这一切理所当然均由国家这个所有者决定。因此，这一时期的税收征管手段相对简单，服务意识不足，对于纳税人来说，更多的是被动地服从，这些都不能归结为人员素质问题，而是由当时的政企关系决定的。

1992年，党的十四大提出建立社会主义市场经济的目标，明确了市场在经济中的基础性地位，政府职能开始转变，政企关系的变化带来税收征管模式的变化，纳税服务在这个背景下应运而生，并且随着各项改革的推进，纳税服务也逐渐得以完善。其发展历程可以概括为以下三个阶段。

（一）第一阶段：纳税服务起步阶段（1993～2000年）

1993年12月，在全国税制改革工作会议上，“纳税服务”一词首次提出，标志着我国在税收征管领域构建纳税服务体系的开端。

1996年4月，在国家税务总局组织召开的税收征管工作会议上，进一步将纳税服务明确作为税务机关的重要职责之一。

1997年1月，国家税务总局将“以纳税申报和优化服务为基础，以计算机网络为依托，集中征收，重点稽查”确定为我国未来税收征管的基本模式并加以推广，纳税服务已经成为和税收征管并驾齐驱的一项基础性工作。

在国家税务总局大力推进纳税服务体系建设的同时，各地税务部门开始展开对纳税服务工作的探索和研究。1999年7月，北京市怀柔区地税局专门成立了首家纳税服务专业服务所；2000年8月，广东省珠海市地税局也成立了“纳税人服务中心”，其目的都是更好地行使服务职能。

这一时期是纳税服务体系的雏形阶段，之前“重管理、轻服务”的观念在慢慢发生改变，服务意识在工作人员中逐渐形成。但是，这一阶段毕竟是纳税服务体系的起步阶段，有很多都不能称之为体系，只是专业的税务专管员有这样的意识，社会成员甚至是企业经营者都感受不到这样的氛围。

这一时期，虽然税务机关开始提倡纳税服务意识，但是纳税服务工作还没有得到应有的重视，没有形成法律规范，一些规定仅仅是散见于各种会议或者文件当中。由于没有法律做后盾，这一时期的纳税服务不可能是成熟完善的，其可为不可为全凭一时的热情，有些地方甚至把服务态度好坏当作加强作风建设来对待，推广纳税服务理念任重而道远。因此，在实践中，要构建纳税服务体系，健全相关制度，搭建专门的纳税服务工作平台，设置更多的与纳税服务相关的工作岗位，招聘更为专业的纳税服务人员。

（二）第二阶段：纳税服务规范初步形成（2001~2010年）

21世纪初，为加强税收征管，规范税收征缴行为，保障国家税收收入，保护纳税人合法权益，促进经济和社会发展，2001年，全国人大对《税收征收管理法》进行了全面修订并重新颁布。

2001年，继国家税务总局以部门规章形式将纳税服务作为税务机关工作职责之后，新修订的《税收征收管理法》首次以国家法律的形式将纳税服务确定为税务机关的法定职责，自此，纳税服务的法律地位被明确下来。

2005年，国家税务总局出台《纳税服务工作规范（试行）》，除了原来大家熟悉的办税服务厅的业务之外，第一次对日常税收工作中的税源管理、税务检查等其他管理环节中的纳税服务工作做出了比较明确的规定，也为各级税务机关和税务工作人员开展纳税服务工作提供了一个明确的行为准则。

从2006年开始，政府提倡开展建设服务型政府，在政府的职能中也加入了为人民服务的职能，这一倡导不仅有利于构建服务型政府，而且对构建高效便捷的纳税服务体系有重大影响。

2008年7月，为了在全国范围内全面开展纳税服务工作，国家税务总局批准成立了“纳税服务司”，作为纳税服务的专门机构，负责全国的纳税服务组织、管理与协调。

从2008年起，国家税务总局为了进一步推进纳税服务质量的提高，改进纳税服务工作，开始进行大规模的“纳税服务满意度调查”工作，以便从多层次、多角度、多环节了解纳税人的关切点和诉求，如实发现税务工作的“堵点”和“痛点”。

2009 年，《办税服务厅管理办法（试行）》《全国税务系统 2010 ~ 2012 年纳税服务工作规划》《关于纳税人权利与义务的公告》相继出台，在加强办税服务厅建设，落实改进办税服务的各项举措，优化纳税服务工作，提高纳税人满意度和税法遵从度，维护纳税人权益，规范税务机关和税务人员的税收管理、行政执法和纳税服务行为方面发挥了重要作用。

可以说，21 世纪前十年，纳税服务有了长足的发展，尤其是自 2008 年开始纳税服务体系一直都在不断完善。

这一阶段，专职的纳税服务机构设立并不断壮大，各种纳税服务相关制度相继出台，为纳税人服务的理念已经深入人心，“始于纳税人需求、基于纳税人满意、终于纳税人遵从”的纳税服务格局初步形成，纳税服务工作逐渐走上正轨。

然而，这一阶段的纳税服务在机构建设、制度建设等方面虽有发展，但也暴露了不少问题：纳税服务体系有所欠缺，制度制定仍不够完善，只是把一些常见问题的解决方案所用到的处理方法上升为制度，在纳税服务过程中，特殊的案例或者偶发事件所要解决问题的办法，还没有通过制定制度进行规范和约束；纵使中央已经规定了总体的规章制度，但是到了地方实际运用时却是状况百出，有一定的政策解读失误之嫌；部分税务人员的服务意识还不够强烈，重形式、轻服务的风气依旧存在；另外，各个地方之间的信息交流程度不高，这就对纳税服务体系提出了更高的要求。

（三）第三阶段：纳税服务体系的不断完善（2011 年至今）

“十一五”时期纳税服务工作积累的丰富经验，为纳税服务工作的后续开展奠定了坚实的基础。

2014 年，为了进一步转变政府职能，扎实推进税收现代化建设，为纳税人办税提供更多的便利，全国税务系统开展了“便民办税春风行动”。此次行动，推动了全面实现“三个服务、三个实在、三个禁止”主题的落地，对树立税务部门良好的社会形象和提升纳税人满意度与税法遵从度起到了有力的推动作用。

2014 年 10 月 1 日，《全国县级税务机关纳税服务规范（1.0 版）》（以下简称《纳税服务规范》）在全国税务系统正式推出，对税务登记、税务认定、发票办理、申报纳税、优惠办理、证明办理、宣传咨询、权益维护、文明服务 9 大类 72 小项 212 个服务事项的 1 120 个服务内容进行了具体明确，第一次在制度层面上对全国税务系统的纳税服务流程进行了规范和统一，全国规范的纳税服务体系开始形成。

2015 年 1 月 1 日起，试行《纳税服务规范》2.0 版本，用两年时间，全面实现《纳税服务规范》提出的基本规范，有条件的县级税务机关逐步实现规范的升级，在部分先进地区高标准服务示范效应的带动下，大幅度提升了全国的纳税服务水平。

2019 年 8 月，结合纳税人的新需求、新期盼，推出《全国税务机关纳税服务规范（3.0 版）》，于 2019 年 11 月起在全国实施，新规范按照“最大限度便利纳税人，最大限度规范税务人”原则，在保持原有架构的基础上进行调整优化，鼓励各地创新办税方式，进一步提高办税服务质效。在经历了 20 多年的发展之后，我国的纳税服务工作趋向规范。

总之，我国的纳税服务工作虽然起步较晚，但却在不断发展、完善，经过税务机关的不断探索，已经取得了良好的效果。纳税服务理念不断强化，纳税服务体系不断得到完善，在逐渐适应我国社会生产力的同时，纳税服务体系不断进行改革来适应多变的社会，税务机构内部整体和谐发展，征纳矛盾得到了一定程度的缓和，国家的财政税收逐年增加，人民的生活逐渐达到了小康水平。

二、我国纳税服务体系的现状

（一）纳税服务制度不断进行完善

从 1993 年开始提出纳税服务至今已有将近 30 年的时间，税务部门高度重视制度建设，为落实党中央、国务院关于建设服务型政府和构建社会主义和谐社会的要求，推进服务型税务机关建设，构建和谐的税收征纳关系，为纳税人提供便捷、高效的纳税服务，实现全国纳税服务工作的科学发展，国家税务总局围绕纳税人信用建设和权利义务关系、办税服务厅管理、纳税服务投诉管理等方面陆续出台了相关制度（见表9-1），尤其是2019年《全国税务机关纳税服务规范》在2014年、2015年的1.0版、2.0版的基础上推出了3.0版，新版纳税服务规范大幅度精简了纳税人办税资料，70种外部门证明类资料无须再报送，148个事项实现“最多跑一次”，其余事项鼓励各地探索创新。将信用评价规范、涉税咨询规范、涉税信息查询规范、纳税服务投诉规范、涉税专业服务规范单独列出，彰显了对纳税服务工作的高度重视。对纳税人来说，通过查询规范，提前可以了解办税流程及办税所需资料等，解决了纳税人办税过程中的疑问，提高了办税效率；对于税务人员来说，有了更加明确的规范作为制度保障，解决了纳税服务工作中的制度遵循问题，可以随时随地查阅规范，为纳税人答疑解惑，有利于提高服务效能。新规范的出台使纳税服务制度规范上升到一个新的高度，为纳税人维护自身权益提供了法律保障。

表9-1　　　　现行主要纳税服务相关法律制度

发布或修订时间	纳税服务相关法律制度	制定目的
2001年5月1日	《税收征收管理法》	明确纳税服务是税务人员的职责
2007年8月30日	《关于落实“两个减负”优化纳税服务工作的意见》	减轻纳税人不必要的办税负担和基层税务机关额外的工作负担，进一步优化纳税服务
2009年8月31日	《办税服务厅管理办法（试行）》	全面加强办税服务厅规范化、标准化建设，切实落实改进办税服务的各项举措
2009年11月6日	《关于纳税人权利与义务的公告》	维护纳税人权益；规范税务人员行为
2014年7月4日	《纳税信用管理办法（试行）》	规范纳税信用管理，促进纳税人诚信自律，提高税法遵从度，推进社会信用体系建设
2016年2月16日	《关于完善纳税信用管理有关事项的公告》	调整完善《纳税信用管理办法（试行）》

续表

发布或修订时间	纳税服务相关法律制度	制定目的
2019年8月1日修订	《纳税服务投诉管理办法》	对纳税服务投诉工作进行全面规范，进一步提高监督投诉质效，更好维护纳税人、缴费人合法权益
2019年11月	《全国税务机关纳税服务规范(3.0版)》	提升办税服务，为纳税人维护自身权益提供了法律保障

（二）纳税服务方式日趋多元化

为了进一步满足纳税人个性化和多样化的纳税需求，税务部门开展了广泛的纳税服务工作，从税前的税收宣传、咨询和辅导，到税中的“一窗式”、“一站式”、预约式等办税服务，再到税后的税收救济等，服务内容越来越丰富。并且，随着现代信息技术的运用，纳税服务方式也呈现出多样化趋势，不仅有单一的办税服务厅窗口模式，还全面开通了电子税务局、空中课堂、办税移动终端等信息系统。服务渠道既有线下，又有线上；既有前台，又有后台；既有人工服务，又能自动查询，服务形式灵活多样，深受纳税人的欢迎，见表9-2。

表9-2　　各地税务部门提供的主要纳税服务内容和方式

<table>
<tr><th>纳税服务内容</th><th colspan="2">纳税服务方式</th></tr>
<tr><td rowspan="3">税收宣传</td><td colspan="2">定期组织“全国税收宣传月”活动</td></tr>
<tr><td colspan="2">利用广播、电视、报纸等媒体进行政策宣传</td></tr>
<tr><td colspan="2">纳税人学堂、税企QQ群、税务网站、微信公众号、微博、办税大厅公告栏等</td></tr>
<tr><td rowspan="2">纳税咨询</td><td>线上</td><td>12366纳税服务平台、门户网站、电子税务局</td></tr>
<tr><td>线下</td><td>触摸式查询服务设备、电子显示屏、纳税服务厅咨询</td></tr>
<tr><td rowspan="3">纳税辅导</td><td rowspan="2">面向大众</td><td>网络直播</td></tr>
<tr><td>云课堂</td></tr>
<tr><td>个性化辅导</td><td>“一对一”辅导</td></tr>
<tr><td>办税服务</td><td colspan="2">“一站式”、“一窗式”、“一城通”、限时服务、延时服务、提醒服务、预约服务、全程服务等</td></tr>
<tr><td>税收救济</td><td colspan="2">税务行政复议、税务行政诉讼等</td></tr>
</table>

（三）纳税服务信息化建设不断推进

1. 电子税务局上线为纳税人带来便利

2018 年全国统一的电子税务局上线。通过“公众服务”“个性服务”“互动中心”“我要办税”等模块，既可以向纳税人发布税务机关通知公告，提供辅导咨询，了解发票状态、纳税人信用级别、是否欠税以及涉税专业服务机构相关信息等，又可以为纳税人办理办税套餐等个性化办税事项、定制服务事项和创新性服务事项，还可以使纳税人获取税务机关推送或自己定制的各类消息，以及涉及风险、信用、待办事项提醒信息，并实现在线预约办税和征纳交互，进行各种办税业务的处理。互联网技术的应用减少了纳税人往返实体办税厅的时间，节约了纳税成本。

2. 服务模式创新提高了办税效率

在全国统一的税收信息系统基础上，各省市税务部门利用大数据、云计算、移动互联网和现代信息技术手段，深入挖掘纳税人需求，创新纳税服务模式，为纳税人提供“智能化、零接触、多元化、全方位”的纳税服务新体验，纳税人的办税时间更自如，办税流程更简化，办税成本更低，办税效率更高。如河北省的全系统“智慧税务”建设、山东省的“多元化”缴税模式、广东省珠海市的“一区一厅一中心”智能联动办税新模式和甘肃省平凉市的“1 + N + 1”办税服务模式，都是利用现代信息技术实现了自助办税、多元化缴税、一次性完税，大大提高了办事效率（见表 9 - 3）。目前，全国性的办税缴费事项有 190 个可以网上办理，企业纳税人 90% 以上涉税业务可在网上办理①；超过 1.3 亿的个人所得税纳税人更是可以通过手机 App 实现“指尖上的办税”，“智能化、零接触、多元化、全方位”的办税服务新模式已经初步形成。

① 税务总局：纳税申报业务网上办理率达 99% 以上［EB/OL］. 新华财经网，http：//news. xinhua08. com/a/20200714/1946442. shtml.

表9－3　　部分省市税务部门特色纳税服务模式

税务部门	创新模式	成效
河北省税务局	启动全系统“智慧税务”建设	电子税务局已经实现在线办、自助办等功能291项，征期网上申报率达到99.62%，涉税事项网上办理率达到83.71%。193个事项“全程网上办”。大力推进“自助办”，全省配备自助办税终端3477台，55项常用涉税事项可以通过自助终端“就近办”。对出口退税实行网络化申报、电子化流转、无纸化退库，将正常出口退税平均办理时间缩短至5个工作日以内①
广东省珠海市横琴新区税务局	打造“一区一厅一中心”智能联动办税新模式	创新搭建粤澳两地便利化办税桥梁，成功打造港澳纳税服务专区、粤澳中医药产业园智能税务微厅、粤澳工商服务中心“一区一厅一中心”智能联动办税新模式。在该模式下搭建的远程可视自助办税平台成为“非接触式”服务的重要载体，99%的业务可通过该平台实现线上转办，平均减少纳税人办税时间约30%，在助力自贸区、横琴粤澳深度合作区建设方面作出了积极贡献②
山东省税务局	全省推广“多元化”缴税模式	全省范围内全面推行办税服务厅、银行柜面、自助办税设备、网站、手机App客户端等多元化缴税模式，纳税人可自主选择银联卡、现金、微信、支付宝等多种支付方式实现税款缴纳，用时短、操作简便，满足了纳税人税款支付方式多样化的需求③
甘肃平凉市税务局	以政务服务中心为主、设置多个延伸点、完善纳税人辅导体验中心的“1+N+1”办税服务模式	税务系统8个办税厅全部进驻政务服务中心，实现纳税人“只进一家门，办成所有事”。全市税务系统建立了市、县两级电子税务局运维团队，扩大同城通办范围，建成“网上办税为主、自助办税为辅、第三方代办补充、办税服务厅兜底”服务体系，让纳税人办税更省时省力，努力实现纳税人从“最多跑一次”最终过渡到“一次不用跑”④

资料来源：①省税务局全力打造“智慧税务”193个事项实现“全程网上办”[EB/OL]. 国家税务总局河北省税务局官网，http://hebtax.gov.cn/hbsw/ssxc/zyxw/202007/t20200708_2673319.html.

②横琴跨境办税助力粤澳深度融合［EB/OL]. 中国经济网，http://district.ce.cn/zg/202004/29/t20200429_34810799.shtml.

③“扫一扫”缴税更轻松 山东税务系统全面推行多元化缴税业务［EB/OL]. 中国山东网，http://news.sdchina.com/show/4357339.html.

④平凉市税务局创新服务举措 提升服务效能［EB/OL]. 中国甘肃网，http://news.gscn.com.cn/system/2019/08/07/012199588.shtml.

（四）纳税服务机构逐渐健全

为顺利开展纳税服务工作，税务部门很重视纳税服务机构建设。继20世纪90年代末北京、广东等地率先成立基层纳税服务机构以后，为更好地行使纳税服务职能，2008 年 7 月，国家税务总局组建纳税服务司，内设综合处、制度处、税法宣传处、办税服务处、纳税人权益保护处五个处室。

近年来，为促进小微企业的发展，国家对小微企业减税力度加大，出台了一系列的税收优惠政策。为更好地为小微企业服务，让小微企业税收优惠政策尽快落地生根，国家税务总局专门成立了小微企业服务处，并建立了小微企业涉税诉求和意见快速响应机制，截至 2019 年 3 月 1 日，各级税务部门通过该机制共收集小微企业涉税意见建议接近 9000 条，90% 的意见和建议都能及时办理并反馈，能够帮助纳税人快速解决在享受税收优惠政策过程中遇到的疑难问题①；同时，为加强对涉税服务机构的监管和纳税信用建设，促进纳税服务规范形成，还专门成立了涉税服务监管处、纳税信用和服务规范管理处。

对比 2020 年和 2008 年国家税务总局纳税服务机构设置情况（见表 9－4），可以发现，纳税服务机构按照功能进行了细化，说明纳税服务的精细化程度越来越强。另外，2018 年国税、地税的合并也使得全国 8546 个办税服务厅实现了一厅通办，纳税服务部门的整合也从源头上给纳税人带来了便利，他们无须再两头跑，也不用再被两头查，办税效率大大提高。

表 9－4　国家税务总局纳税服务司处室设置

2008 年	2020 年
综合处、制度处、税法宣传处、办税服务处、纳税人权益保护处	综合处、涉税服务监管处、税法宣传处、办税服务处、纳税人权益保护处、纳税信用和服务规范管理处、小微企业服务处

第二节　现行纳税服务体系存在的问题

通过对纳税服务的发展历程和现状进行分析发现，在各方努力下，我国

① “便民办税春风行动”助推减税降费落地落实［EB/OL］. 国家税务总局浙江省税务局，http：//zhejiang. chinatax. gov. cn/art/2019/3/3/art_11930_352865. html.

的纳税服务在机构建设、纳税服务业务拓展等方面取得了很大进展。但是，由于我国纳税服务起步晚，与其他发达国家相比还有不小的差距，部分税务人员的纳税服务理念落后，专门的纳税服务法律体系尚未建成，纳税服务信息化建设以及纳税服务质量评价体系建设方面还有待于进一步完善。这就对我国税务机构的工作提出了更大的挑战，只有不断找出纳税服务体系运行中存在的问题并进行深入的分析和探讨，才会得出构建便捷高效的纳税服务体系的解决方案，才能不断完善纳税服务体系。

一、部分税务人员纳税服务理念相对落后

近年来，随着服务型政府建设的不断推进，纳税服务越来越受到重视，大部分税务人员的纳税服务意识都有了明显的提高。但是，不能否认，还有一部分基层税务人员没有树立起现代纳税服务理念，没有将纳税服务意识融入自己的思想深处，认为基层税务部门担负着税收任务的重任，税务部门作为行政管理部门，主要的职责是征税，担心纳税服务会影响到税务机关在纳税人心目中的“权威”地位，影响税收任务的完成；还有一部分人对纳税服务认识不深，对优化服务理念界定不清，为加快业务办理速度，大包大揽，一手操作，出现服务过头现象，既浪费了人力，又不利于纳税人尽快熟悉业务流程。

另外，在大数据背景下，部分基层税务人员受传统的思想影响较深，“互联网 +”思维较为滞后，尤其是年龄大的工作人员，更是对“互联网 +”背景下高技术含量的纳税服务手段存在抵触心理，缺乏利用互联网技术拓展办税服务渠道的理念。

服务理念的缺失导致对于纳税人的需求考虑得并不周全，纳税服务创新意识也不到位。在实际工作中表现为把纳税服务简单化，仅仅停留在表面上的服务态度的转变，虽然也通过微信、门户网站、税企 QQ 群等平台进行税法宣传、税收咨询等，但在服务内容的完整性、系统性、准确性上尚显不足，与纳税人的期望有较大的差距，不能做到精准化服务，这都将制约纳税服务的发展。

二、纳税服务制度建设尚需精细化

谋局为先，制度先行，这是做好管理工作的秘诀，税务管理也不例外。纳税服务是税务管理的一项重要内容，在理顺征纳关系，提高税收遵从度方面发挥着重要作用，但是“服务”是一个非常模糊的概念，服务是帮助、照顾，是贡献，是一种形式。服务体现于细节，细节展示形象，服务代表部门形象，要设身处地为纳税人着想。但是，一项服务的好坏如何评判很难界定，需要通过具体指标量化。因此，应该建立健全有关纳税服务方面的法律法规，以便使纳税服务常态化。

在 1993 年提出纳税服务之前，税务机关在征税过程中，税务专管员也会深入企业，帮助企业解决一些涉税问题，但是，由于当时没有把纳税服务从税收征管中分离出来，这种服务没有一个明确的说法，没有法律和制度上的依据，因此是可有可无，可大可小的，也可以算是税务人员为完成税收任务，在征税过程中向纳税人提供的一种帮助。

自 1993 年以来，纳税服务相关制度不断出台，但是，纳税服务方面的法律法规还不够健全，尚未形成纳税服务法律体系。目前，以法律形式出台的和纳税服务有关的内容，仅仅是在 2001 年修订的《税收征收管理法》中增加了“税务机关应当广泛宣传税收法律、行政法规，普及纳税知识，无偿地为纳税人提供纳税咨询服务”的规定，并明确了征纳双方的权利和义务。2019 年在全国实施的《全国税务机关纳税服务规范（3.0 版）》虽然对纳税服务工作有了规范性要求，但是尚未上升到法律高度。

不可否认，每一次规章制度的出台都是对以往有成效的条例以及有所欠缺的制度的一种修正，并且在不断创新。但是，出台的各种规定在法律中的地位不高，在发生纠纷时运用法律武器维护自身权益时的底气就不足，而且容易发生政策解读出现偏差的现象。所以，纳税服务法律体系的不健全，对构建便捷高效的纳税服务体系产生了极其不利的影响。因此，应尽快制定、出台有关纳税服务方面的专门的法律法规，以更好地维护广大纳税人的合法权益。

三、纳税服务信息化平台建设与应用有待改进

构建便捷高效的纳税服务体系，信息化建设和应用是关键。当前，我国纳税服务信息化基本实现了征纳双方和政府部门乃至国际间的四端互通互联，24 小时全天候服务以及在涉税业务、办税流程、服务层级、服务渠道等多方面的全覆盖。能够支撑近 1 亿法人纳税人、3 亿自然人纳税人以及 80 万税务人的纳税服务工作，真正实现了从“跑马路”到“走网路”，基本实现了“足不出户轻松办税”，减轻了纳税人办税负担，基本实现了纳税服务便捷化、多样化和普惠化。但是，信息化系统建设和应用中仍存在“重建设、轻应用，重开发、轻整合”的现象，影响了纳税服务的质效。

（一）部分基层税务人员信息化水平较低，税务软件应用能力欠缺

随着税收管理现代化的推进，在税收征管中对计算机依赖程度越来越高，为适应新的征收管理，系统不断更新、优化，应用范围越来越广，每个税收管理员每天要登录金税三期系统、抵扣系统、内控系统等多个税收信息系统，去处理各式各样的业务，通过平台完成上级安排的各项任务。另外，近年来，国家减税力度不断加大，新的税收政策调整频繁且集中出台，基层税务人员由于工作任务繁重，脱岗集中参加培训机会不多，不能及时进行税收知识更新，导致个别税收管理员对一些税收新政策、新规定难以全面系统地掌握，造成业务素质上的参差不齐。除此之外，一些基层税务部门存在人员年龄结构老化，队伍活力不足现象。人员老化导致工作中积极性不高，学习动力和创新性不足，尤其是在税收信息技术应用能力方面略显欠缺。基层税务部门是纳税服务的前沿阵地，税务人员能力和水平的高低直接影响着税务部门的形象，合理进行基层部门的人员配置，尽快提升基层税务人员业务素质是当务之急。

（二）纳税服务信息系统缺乏整体性，信息运行不畅

近年来，我国税收信息化水平不断提高，尤其是金税四期系统工程的上

线，对构建全国统一的外部信息管理系统和交换通道，形成以涉税信息的采集、整理和应用为主线的管理体系有积极的意义，为税收风险管理提供了外部信息保障。但是，各地税务部门为加大信息技术在纳税服务中的应用力度，提高纳税服务效率，不断开发创新，新的个性化纳税服务信息系统不断涌现。在信息化建设中，由于鼓励创新，缺乏统筹规划和安排，重复性工作较多，增加了基层工作人员的工作负担。另外，各省市在软件开发方面各自为政，信息资源没有实现有效整合，造成信息系统兼容性不强，无法全面实现数据信息的交换和共享。随着经济全球一体化，地区间、国际间贸易往来增加，涉税事项日渐复杂，由于各地税务部门的办税服务软件缺乏统筹性、系统性，各地纳税服务应用平台不一致，给跨省市的纳税人带来了不便。许多业务无法进行相关信息在不同地区、不同税务机关之间的连接，共享效率低，纳税人到不同的地方从事经营活动，就需要重新学习相应的办税软件知识；信息传递不顺畅，纳税人不得不跨地域、跨税务机关进行相关涉税事项纸质资料的报送和交换。除此之外，与第三方机构之间也存在信息交换不畅通的问题。

（三）纳税服务软件系统不稳定、信息利用率不高

在网络发达的今天，大部分纳税人倾向于网上申报，可以免去路途劳顿和排队等候，税务部门也一直为之努力。但是，目前现有的纳税服务系统的服务器兼容性不高、运行不稳定，经常出现无法登录现象，在征期集中办理纳税申报业务或申领发票时，由于业务量大，更是出现网络卡顿甚至故障，影响办税效率。另外，有些地方虽然提高了设备的技术含量，各地区的数据都在眼前，但是对这些内部数据没有进行科学管理，没有进行大数据分析等，导致数据整合能力不高，利用率低。信息存在一定的孤立性，不能很好地与外部数据共享，导致不能实现真正意义上的数据横向比对，一定程度上也阻碍了纳税服务水平的提高。大数据的一个重要特点就是能够利用网络平台实现全国乃至世界范围的互联互通，大数据下，部门之间、地区之间乃至国与国之间通过数据输送信息，通过对数据的分析、整合做出相应的决策，才能

更好地让这些数据为大家服务。而我国部分税务机构在这方面重视不够，盲目地搞软件开发创新，没有考虑到工作实际和纳税人需要，特别是许多应用软件只考虑到了税务机关应用的便利而没有更多地站在纳税人的角度去考虑，有的单位甚至只是用信息系统来替代手工操作，并没有重视数据资源的有效挖掘和分析处理。

原有的金税三期工程只是解决了一部分涉税资源的共享问题，还有部分涉税部门的信息系统不能兼容，从而不能自动获取相关数据并进行筛选，导致纳税人在不同部门多次重复报送资料，没能实现优化营商环境的目标，不仅降低了税收征管效率，也增加了纳税人的纳税成本，不利于纳税人获得感的体验，可能会降低纳税遵从度。

四、缺乏完善的纳税服务质量评价体系

尽管随着税制改革的不断深入，纳税服务有了较大改善，但是成效到底如何，应通过科学的质量评价体系来评判。目前，对税务部门纳税服务人员的工作考评主要有各单位内部组织的人员绩效考核、社会人参与的行风评议以及自 2008 年以来开展的纳税人满意度调查。内部绩效考核一般情况下都是按照上级部门的考核要求，针对税务人员在某一阶段，比如半年、一年的工作态度、工作能力及工作表现进行的综合评价，相当于一个阶段任务完成情况的工作总结，未专门针对纳税服务展开，缺乏针对性；社会人参与的行风评议大多属于主观评价和事后评价，纳税服务质量的评价体系和评价指标是否科学有待验证，参与纳税服务评价的人员范围虽然较广，但是真正具有利害关系的纳税人所占比例较少，因而难以全面反映真实的纳税服务情况。从前两项评价结果来看，窗口服务工作特点决定了从事纳税服务的人员与机关其他工作岗位相比，处于明显的劣势，工作中稍有不慎便会影响到对税务人员的考评结果，再加上纳税服务制度不完善，缺乏有效激励机制，对从事纳税服务人员的工作积极性会产生一定的影响。而每年开展的纳税人满意度调查，由第三方以调查问卷的形式组织，为了使调查结果有可比性，便于对纳

税服务情况进行比较分析，第三方机构往往会设计几年不变的、统一的问卷模板，内容相对固定。对于评议方来说，初次填写还能认真对待，而每年一次、形式和内容相对固定的调查就缺少了新鲜感，创新点不足就会出现“走过场”现象，再加上缺乏社会上其他行业的参与，调查结果的准确性受到质疑，也就难以准确评价纳税服务质量。因此，必须建立明确的绩效考核机制，制定合理的奖惩制度。科学的质量评价体系对推进纳税服务进一步优化至关重要。

第三节　搭建便捷高效的纳税服务体系的基本对策

一、提高认识，树立现代纳税服务理念

树立现代纳税服务理念，打造优质便捷的纳税服务体系是税收现代化建设的重要组成部分。着力打造现代化的纳税服务系统，努力给纳税人提供优质、便捷的服务，是当前税务工作的必然要求。

多年来，软件系统的不断开发、电子税务局的全面上线、办税服务厅的改造都是围绕“服务”这个中心工作来展开。但是做好服务工作的前提是先解决人的思想观念问题，如果思想上不重视，再好的设施也不能提供出人性化的服务。

税收治理体系和治理能力现代化下，政府职能转变，税务部门和纳税人的关系也发生了变化。要求每一位税务人员要转变思想，突出纳税服务理念，具体应做到以下三点。

第一，每一位税务工作人员要转变观念，提高思想认识，将纳税服务工作作为一项核心业务摆在突出位置。

第二，将纳税服务转化为一项法定职责，用服务型政府理念和现代税收理论推进纳税服务工作，理顺税收管理与服务的关系。

第三，在具体工作中，要尽心尽责地为纳税人服务，坚持以纳税人为本，急纳税人之所急，以“为纳税人服务，解决纳税人的需要”为宗旨，以纳税人满意不满意为标准，为纳税人提供优质快捷的服务；纳税服务要结合当前税收工作的形势，紧紧围绕纳税人的难点、“堵点”和“痛点”，依托信息化手段，提升纳税服务效能，提高纳税人满意度。

当然，在为纳税人服务过程中，要处理好纳税服务和纳税遵从的关系。税务部门和纳税人之间的权利与义务关系是对等的。纳税服务的目的是帮助纳税人更好地实现纳税遵从，纳税遵从度高又可以获得更加优质的纳税服务，降低纳税遵从的成本。如果纳税人不能按期足额缴纳税款，则会受到税法严厉的制裁。

二、纳税服务制度做到系统化和精细化

纳税服务制度是我国税收法制化建设的重要组成部分，而依法治税又是依法治国的重要组成部分，因此，将纳税服务提升到法律层次，体现作为依法治国基本国策的重要内容，本是理所当然。

目前，我国《宪法》中，只强调了依法纳税是每个公民应尽的义务，却未对纳税人的权利进行明确界定，而西方许多国家的纳税服务体系中，纳税人的法律地位都较明晰。为了保障纳税人应有的权利，许多发达国家都制定了与纳税人相关的法案，例如，美国、英国、加拿大、澳大利亚等国分别出台了《纳税人权利法案》《纳税人权利宪章》《纳税人权利宣言》《纳税人宪章》；经济合作与发展组织还通过了专门的《纳税人宣言》范本，各国税务机关就是依据这些相关法律履行相应的法定职责，以保证纳税人的权益不受损害。早在十几年前，根据 OECD 在 2008 年的调查，43 个国家中就已经有 31 个国家对纳税人权利有了法律性和管理性的规定，5 个国家在税法或其他成文法中对纳税人权利加以明确，6 个国家通过管理性文件的形式对纳税人的权利予以阐述。

相比较国际上对于纳税人权利的保护，我国相关法律的地位还比较薄弱。

尽管在《税收征收管理法》中，规定了税务机关提供纳税服务的职责和纳税人的权利，但是对于纳税人权利的保护力度远远不够，应该制定、出台专门的纳税人权利法案，将纳税服务的内容以法律形式固定下来，并形成一系列与纳税人权利相关的法律法规。

第一，研究制定并出台《税收基本法》。明确立法宗旨、基本原则、征纳双方的权利和义务，建立起具有权威性的税收制度。

第二，要完善税收实体法和程序法。对于比较成熟的税种条例，按税收法定原则由全国人大以法律形式颁布，提高其法律级次，增强税法的强制性和稳定性；《税收征收管理法》中关于纳税服务和纳税人权利的内容仅在第七条和第八条中有简单的阐述，其内容已经与新时代纳税服务发展要求不相适应，需作进一步的修改，以适应税收征管改革和建立现代税收制度的需要。

第三，要制定专门的《纳税人权利保护法》。虽然2009年国家税务总局发布了《关于纳税人权利与义务的公告》，但公告中也仅仅是列举出纳税人应有的权利和承担的义务，没有上升到法律高度，约束力不强。而《税收征收管理法》不是专门针对纳税人权利保护的法律，也不可能将纳税人权利的保护做到精细化。

因此，有必要在制定和完善税收基本法、实体法和程序法的基础上，出台专门的《纳税人权利保护法》。同时，进一步修订、完善纳税服务相关制度，如2009年出台的《办税服务厅管理办法（试行）》。要与时俱进，形成一套健全的纳税服务法律法规体系，使纳税服务工作有法可依、有章可循。

三、统筹推进信息化建设，提升纳税服务质效

针对纳税服务信息化建设存在的问题，税务部门要加大力度，统筹推进信息化建设，建设以业务创新为引领、以大数据云平台为支撑、以新一代电子税务局为核心的强大稳定、智能高效的纳税服务信息化体系。

（一）提升基层税务人力资源配置

人员素质的提高不是一朝一夕就能解决的问题，但是，措施得力相对来说能起到事半功倍的作用。

1. 整合培训方式与培训内容

针对部分现有税务人员税收信息化应用水平欠缺问题，可以通过以下方式强化培训效果。一是要及时聚焦最新税收政策和税收热点，进行全员培训，便于基层税务人员将税收政策及时有效地传递给纳税人。二是根据岗位特点和工作需要量身定做培训计划，使每个税务人员都有定期脱岗进行培训的机会，提升工作学习热情。三是整合培训资源。在时间、环境、设备上予以倾斜，为干部提供良好的学习配套设施，大力组织网上课堂，积极鼓励在线在岗培训，鼓励干部岗位成才。四是增加基层一线人员对外学习交流的机会，多组织实践层面的研讨会、培训交流等，拓宽干部知识面，提升信息化应用水平。

2. 优化纳税服务人力资源配置

针对一些基层税务部门人员结构不合理问题，要进一步对人力资源进行优化配置。一是加大基层公务员招录力度，充实基层力量。尤其是增加既懂业务又懂开发技术的公务人员招录数量，尽快充实基层队伍，加快引进新的税务干部。二是落实轮岗制，消除职业倦怠。根据岗位需求，结合干部职工的工作能力、个人意向，适当进行岗位调整，以此消除长期干一项工作带来的职业倦怠，同时为复合型人才的培养提供条件。三是拓宽晋升空间。要树立正确的用人导向，精心培养优秀干部，充分调动基层干部干事创业的积极性，实现人力资源的优化配置，有效激发队伍活力，提升人员素质。

（二）打造一体化智能网络纳税服务平台

纳税服务平台是纳税服务行为实施的载体和媒介，在“互联网 +”时代，一体化智能网络纳税服务平台是便捷高效的纳税服务体系的重要组成部分，平台的建设离不开强大的信息技术的支撑。因此，应依托信息技术，借助第三方力量，尽快整合各地信息资源，打造内容全面、功能强大、操作简便的一体化智能网络纳税服务平台。除法律、法规另有规定或者涉及国家机密等情形以外，纳税服务事项应当按照统一的规定，全部纳入平台办理。

具体来说，平台的整合主要应围绕以下两个方面展开。

第一，各省市税收信息系统的整合。在各地开发的纳税服务软件中挑选出纳税人认可、满意度较高的一款向各地税务部门推广应用，或者在现有技术基础上进一步优化改进，打造功能齐全、便捷高效的纳税服务信息系统。

第二，税务部门与政府其他相关部门信息系统的整合。要在税务部门全系统信息软件整合的基础上，与政府及其有关部门按照国家有关规定，对接信息系统，提供数据共享服务，及时将有关纳税服务数据上传至一体化智能网络纳税服务平台，加强共享数据使用全过程管理，也有利于推动政务事项在全国范围内实现“一网通办”。平台建成后，税务部门和纳税人乃至第三方机构的所有涉税信息全部纳入这个平台，税务部门可以随时调取纳税人相关信息，了解其生产经营状况和纳税情况，利用大数据进行分析，掌握纳税人动态变化，了解纳税人需求，为纳税人量身定做提供精准服务；纳税人则可以通过该平台查询相关政策，办理涉税业务；第三方机构如公安、交通、银行等部门在为纳税人办理护照、贷款等业务时，可以直接从平台上查询纳税人纳税情况和与其业务相关的信息，避免纳税人往返多个部门开具证明，真正实现“一站式”“一窗式”服务。

（三）加强数据处理能力，提高信息利用效率

在“互联网 +”时代，数据是税收治理的战略资源，更是信息管税的前提。就目前税务系统掌握的数据情况来看，与“互联网 +”大数据管理所要求的规模和容量还有很大的距离。

1. 优化全国一体化“涉税大数据平台”

为实现税收数据全国集中管理，金税三期工程借鉴了美国为纳税人搭建账户数据引擎的做法，通过平台可以基本上实现第三方涉税信息与纳税服务的对接，然而，由于数据量较大，与税收关联性较低，在处理效率方面还不

是很理想。因此，在今后金税四期工程升级后，借鉴“网虫”软件的经验，利用“云技术”将数据处理能力进行拓展，提高数据抓取的灵敏度和精准性。

2. 实现数据应用与交换的动态化

在数据应用方面，通过对纳税人的网站浏览习惯和企业相关信息进行动态分析，可以了解纳税人的涉税需求，主动为纳税人提供智能化的信息传递和个性化的纳税服务，利用由税务机关主导的税企微信群、QQ 群等渠道，及时发布涉税信息、传递税收政策，进行预约办税，可以形成征纳一体的移动互联网通道，打破传统办税服务厅办税时间和地域的限制；通过及时更新、优化网上纳税服务平台，赋予智能办税终端更多的纳税服务功能，解答纳税人提出的各种涉税问题，为纳税人及时提供更加全面的税收政策、业务信息，切实为纳税人提供方便。

四、优化科学的纳税服务质量评价体系

为促进税务机关提升纳税服务质效，除了提高税务人员素质，转变税务人员理念，还要注重服务质量和结果的考评，以便于健全制约监督机制。而评判纳税服务工作的好坏，需要参考一定的标准。纳税服务在国外由来已久，部分发达国家从纳税服务法律规范的制定，到纳税服务信息化水平，再到纳税服务质量考评等方面都建立了较为科学的机制，形成了较为规范的标准体系。因此，我国应借鉴国际经验，参照国际标准，建立完善一套适合我国国情的纳税服务质量评价体系，并形成一套完整的内部监督、政府监督和社会监督机制。

（一）完善内部绩效考核办法

完善内部绩效考核办法，实行定性与定量考核相结合。

定性考核主要从税务人员的政治表现、思想作风、组织能力、业务素质、工作作风等方面进行全面的综合考核，采取定期考核、随机考核、晋级考核三种形式，并将绩效考核结果与工资福利奖金挂钩，发挥其对纳税服务工作

的全面、科学的激励作用。

定量考核主要针对工作实绩进行考核，需对照纳税服务规范科学地设置量化考核指标，如在规定的办税时间是否完成了规定的任务，全面评价工作实绩情况，真正体现公平、平等、竞争、择优原则，进一步让干部职工参与和监督考核管理工作，逐步完善考核管理各项工作制度，真正做到工作岗位、工作责任、工作表现、工作实绩与奖励激励对等，切实起到“奖励个别人，带动一大批”的奖励效应，让全体干部职工工作舒心、生活顺心、考核服气，真正把基层税务机关作为一个大家庭去爱护，并为之努力工作。

（二）完善现有的纳税人满意度调查制度

要克服通过第三方评估只解决纵向可比性、不能解决横向对比性，指标针对性不强，反馈时间长等问题，创新满意度调查方式，拓展满意度调查渠道，除了传统的发放纸质问卷、电话回访、座谈走访以外，可以借助微信平台，推广江苏省昆山市税务局开展的“码上监督”测评方式，这种扫码评价方便快捷、即时性强，税务部门可以通过对收集的数据进行分析，及时发现问题并予以解决。通过多种评价方式相结合，适应不同纳税人需求，实现纳税人满意度调查常态化，并确保结果的延续性。

（三）建立多元化纳税服务质量评价机制

为确保评价的客观性，依托原有的行风评议制度，组成由相关领域专家学者、政府相关部门代表、热心群众监督员在内的评议团队，通过广泛调研，定期对税务部门的纳税服务进行评议，形成“内外联动、多方参与”的评价机制，推进评价主体多元化，以便真实反映纳税服务满意情况。对于评价过程中发现的问题要及时反馈，奖优罚劣，进一步推动纳税服务质效的提高。

五、重构纳税服务流程

税务机关在打造纳税服务流程上，可以将企业管理的理论与实践经验引入税收征收管理，借鉴由美国的迈克尔·汉默（Michael Hammer）和詹姆斯·钱皮（Jame Champy）提出的“流程再造”理论，优化纳税服务程序，提高纳税服务效率。

目前，我国税务机构设置包括国家税务总局，省、市、区（县）税务局，乡税务所。国家税务总局设立纳税服务司（内设七个处室，见表9－4），地方各级税务部门内部均设立纳税服务相关的科室或赋予一些内设机构专门的纳税服务职能，同时，在区（县）或乡等各基层税务部门专门设立办税服务厅，按照属地管理原则，办税服务厅工作人员和管辖范围内的纳税人直接对接，为纳税人提供办税、咨询等服务。

2018年国税地税合并，自5月1日起，纳税服务机构率先整合，8546个办税服务厅实现了“一厅通办”，但面对1亿法人纳税人和3亿自然人纳税人，办税服务厅机构设置和人员配备数量明显不足，造成集中办税时期经常出现排队现象；并且办税服务厅一般均设在税务机关内部或附近，依照税法规定，按属地管理原则，纳税人办税均需到指定纳税地点办理，一些纳税人距离办税服务厅路途遥远，时间成本和交通成本大大增加，给纳税人带来了许多不便。

因此，应以纳税人为本，以方便、快捷、高效为目标，借鉴流程再造原理对税务部门进行重构，清除一切无效、重复的管理行为，简化纳税环节，降低纳税成本，提高办税效能。

（一）兼并纳税服务的职能机构

将市税务局所属分区税务局取消，在市局统一下设内部职能机构，其中包括纳税服务科室和若干办税服务厅，办税服务厅设置可借鉴银行柜员机设置经验，根据纳税人数量多少科学测算，按一定距离分设。

（二）打破属地原则

纳税人随时可以就近去办税服务厅办理相关涉税事宜，真正实现同城通办，所有税收收入统一纳入市级财政收入，配合税收征管体制改革和财政体制改革，将财政收入在各级政府之间进行合理分配，待条件成熟后，可以进一步实现全省通办，甚至全国通办，让纳税时间、地点不再成为办税的藩篱。

（三）实现多税通报

国税地税合并后，已经打破了机构设置壁垒，尽管中央税和地方税入库和报解程序不同，但对于纳税人进行纳税申报环节，已经没有障碍，因此，应在全国推行“多税通报”软件，在一个报税平台，将增值税、消费税、城市维护建设税、土地增值税、资源税、企业所得税等企业关联税种实现一次报清，减少纳税人跑路次数。

（四）完善咨询服务体系

完善的咨询服务体系是纳税服务体系必备的一部分，就像在进入银行服务大厅时，会看到专门设立的咨询服务台却不会感到惊奇一样，可以在办税服务厅通过设置咨询服务台对想要进行业务办理的各类人员提供必要的税法知识，使他们对要办理的业务或者是有疑惑的地方有一个基本的了解；目前虽然运用互联网技术在线上推出了12366纳税服务热线，可以进行纳税咨询，但是，线上智能咨询平台只能回答一些制式问题，应增加人工咨询平台服务人员数量，切实帮助纳税人解决实际困难；许多税务部门网站上的纳税人学堂等功能形同虚设，可通过建立税法答疑库，把一些办税过程中的常见问题分门别类地放到税法答疑库中，例如政策性问题、业务问题等，让纳税人学有所获。

（五）将听证会制度常态化

为了更好地维护纳税人的权益，还应通过将听证会制度常态化，配合行政复议、行政诉讼和行政赔偿制度等，建立起系统的申诉体系。

（六）拓宽税法宣传渠道

虽然各级税务部门的服务业务已经涵盖税收宣传、纳税咨询、纳税辅导、办税服务、税收救济等许多方面，但是各项服务实效还有待提高。比如已经开展近30年的“税收宣传月”活动，虽然每年都有不同的宣传主题，但“摆桌子、发材料”的形式仍显单一，且形式主义严重，动静挺大，收效甚微，普通百姓对税法知识仍然了解甚少。建议深入社区、学校，定期开展税法基础知识讲座，通过通俗易懂的语言、风趣幽默的情景剧让税法常识深入人心。

参考文献

[1] [美] 奥茨. 财政联邦主义 [M]. 北京：中国财政经济出版社，1972：35.

[2] [美] 理查德·A. 马斯格雷夫. 董勤发译. 比较财政分析 [M]. 上海：三联书店，1996：6－26.

[3] [美] 理查德·M. 伯德等. 发展中国家税制改革 [M]. 北京：中国金融出版社，1994.

[4] (通讯员) 李文英，宋建军. (记者) 马建敏. 193 个事项实现"全程网上办" [N]. 河北日报，2020－06－27.

[5] 安体富，任强. 国外税务机关如何为纳税人服务 [N]. 中国税务报，2006－5－10 (007).

[6] 鲍佳媚. 我国省级及以下税收管理体制改革研究——以浙江省为例 [D]. 上海：上海海关学院，2018：1－43.

[7] 北京市信息化工作办公室等. 电子政务概论 [M]. 北京：清华大学出版社，2003.

[8] 北野弘久. 税法学原论 [M]. 北京：中国检察出版社，2001：135－138.

[9] 本刊编辑部. "16＋10" 税收支持体系清单 [J]. 中国税务，2020 (11)：5.

[10] 财政部，税务总局. 关于实施小微企业普惠性税收减免政策的通知. 财税〔2019〕13 号.

[11] 曹静韬. 我国车船税改革的最佳取向 [J]. 中国财政，2010

(17)：48－49.

［12］曹映平. 税务行政执法全过程记录制度和依法治税［J］. 湖南税务高等专科学校学报，2017（6）：23－24，26.

［13］曹越. 税务大数据的实践与思考［J］. 电子技术与软件工程，2018(20)：151－153.

［14］常成. 我国纳税人税法遵从度研究［J］. 法制与经济，2018（11）：114－115.

［15］陈龙，吴波. 健全地方税体系须以提升国家治理效能为重心［J］. 地方财政研究，2020（5）：4－12.

［16］陈平路，邓保生. 试析心理经济学框架下的个人税收遵从行为［J］. 税务研究，2011（2）：22－24.

［17］陈少克，王银迪. 我国现代税收制度建设中的直接税改革［J］. 税务与经济，2019（5）：90－95.

［18］陈思瑞. 论营改增后中国地方主体税种的应然选择［D］. 广州：华南理工大学，2019：9－21.

［19］陈娴，孙文基，林鹏生. 我国税权划分的现状、问题与对策［J］. 财政研究，2011（10）：45－47.

［20］陈增伟，徐锡峰. 数字化革命对税收工作的挑战与应对［J］. 税务研究，2016（10）：92－93.

［21］程飞. 进一步优化纳税服务的研究——以禹城市国税局为例［D］. 济南：山东财经大学，2016：5－35.

［22］楚文海. 中国现代纳税服务体系研究［M］. 北京：中国社会科学出版社，2017.

［23］崔景华. 欧洲主要发达国家近期税制改革及其对中国的启示［J］. 经济与管理，2007（10）：57－62.

［24］邓力平. 对中国特色税收新发展几个问题的思考［J］. 法学杂志，2014（2）：16－19.

［25］邓力平. 落实税收法定原则与坚持依法治税的中国道路［J］. 东南

学术，2015（5）：12－19.

［26］邓子基. 地方税系研究［M］. 北京：经济科学出版社，2007：16－25.

［27］段光林. 风险管理理论对降低税收执法风险的启示［J］. 税务研究，2008（5）：66－69.

［28］樊勇，李昊楠. 税收征管、纳税遵从和税收优惠——对金税三期工程的政策效应评估［J］. 财贸经济，2020（5）：51－66.

［29］房龙飞. "互联网＋税务"背景下新型税收管理模式研究［D］. 保定：河北大学，2018：5－42.

［30］冯曦明，蒋忆宁. 地方税体系完善研析［J］. 税务研究，2019（1）：45－51.

［31］高凤勤，李林. OECD国家遗产税政策实践及其启示［J］. 河北大学学报，2016（3）：81－88.

［32］高培勇. 加快构建现代财政制度理论框架［J］. 中国党政干部论坛，2020（5）.

［33］高培勇. 房产税改革试点的命运［N］. 中国财经报，2011－7－26（006）.

［34］高培勇. 加快推进直接税改革　完善地方税体系建设［N］. 证券时报，2018－7－5（A07）.

［35］高培勇. 论完善税收制度的新阶段［J］. 经济研究，2015（2）：4－15.

［36］高智. 深入推进直接税改革，不断优化我国税制结构——评《经济社会转型背景下直接税制度创新发展研究》［J］. 河北经贸大学学报（综合版），2019（3）：3.

［37］葛洪义，严文俊. 法治视域内职权设定及其方式的改造［J］. 海江学刊，2017（4）：19－21.

［38］龚初芒. 服务型政府视野下的张家界国税系统纳税服务模式创新研究［D］. 长沙：湖南大学硕士论文，2011：4.

［39］管永昊，贺伊琦. 基于内部控制框架的我国税收执法风险影响因素

研究 [J]. 审计研究, 2015 (6): 53-59.

[40] 国家税务总局. "互联网+税务"行动计划 [N]. 中国税务报, 2015-10-15 (A01).

[41] 国家税务总局. 关于2019年开展"便民办税春风行动"的意见. 税总发〔2019〕19号.

[42] 国家税务总局. 关于取消20项税务证明事项的公告 [Z]. 国家税务总局公告2018年第65号.

[43] 国家税务总局办公厅. 全国税务系统信息化建设工作手册 [M]. 北京: 中国税务出版社, 2002.

[44] 国家税务总局关于印发《纳税服务工作规范(试行)》的通知 [Z]. 国税发〔2005〕165号, 2005-10-16.

[45] 国家税务总局教材编写组. 国税征管实务 [M]. 北京: 中国财政经济出版社, 2003.

[46] 国家税务总局纳税服务司. 国外纳税服务概览 [M]. 北京: 人民出版社, 2010.

[47] 国务院关于印发2016年推进简政放权放管结合优化服务改革工作要点的通知 [N]. 国务院公报, 2016-5-24.

[48] 韩慧洁. 常州市地税局税收执法风险防范研究 [D]. 大连: 大连海事大学, 2017: 1-54.

[49] 洪仁. 浅谈法国税制的几个特征 [DB]. 中国知网, DOI: 10.16538/j.cnki.fem1990.04.007.

[50] 胡俊坤, 杨刚. 依法确认销售收入 申报纳税不吃亏 [J]. 天津经济, 2004 (10): 25.

[51] 胡云松, 荆玮, 程默. 税收风险应对工作存在的问题与对策 [J]. 税务研究, 2016 (5): 86-87.

[52] 湖北省税务学会课题组. 关于纳税服务一般问题的研究 [J]. 税务研究, 2009 (4): 71-74.

[53] 黄楚新, 王丹. "互联网+"意味着什么——对"互联网+"的深

层认识［J］. 新闻与写作，2015（10）：18－20.

［54］黄思明. 地方政府税收分成、政府行为与地方经济增长——基于地级城市面板数据的实证分析［D］. 南昌：江西财经大学，2016.

［55］黄奕红. 构建我国现代纳税服务体系研究［D］. 上海：上海交通大学，2009.

［56］黄玉林，周志波. 国家治理视域下地方税制改革研究［M］. 北京：人民出版社，2019.

［57］贾康，李婕. 房地产税改革总体框架研究［J］. 经济研究参考，2014（49）：3－28，48.

［58］贾康. 中国税制改革中的直接税问题［J］. 华中师范大学学报（人文社会科学版），2015（3）：3－10.

［59］贾康. "现代国家治理"理念下的房地产税制改革［J］. 国际税收，2014（1）：28－29.

［60］贾康. 新时期中央和地方税体系建设［J］. 经济，2012（10）：5－9.

［61］贾康. 走向现代财税治理的财税制度改革［J］. 开放导报，2019（3）：44－50.

［62］江武峰. 大数据背景下税收管理改革的实践与思考［J］. 税务研究，2018（1）：34－38.

［63］矫威，杨斌. 国、地税机构分设存在的问题及对策［J］. 税务与经济，2001（6）.

［64］金人庆. 论依法治税［J］. 中央财经大学学报，2003（3）：1－8.

［65］匡程新. 纳税人权利保护视角下的纳税服务体系研究［D］. 长沙：湖南大学，2012.

［66］拉塞尔·M. 林登. 无缝隙政府：公共部门再造指南［M］. 北京：中国人民大学出版社，2013：242－252.

［67］蓝春艳. 构建我国新型纳税服务体系的思考［J］. 纳税，2019（1）：28.

［68］李春根. 提高我国直接税比重的难点与对策［J］. 税务参考，2017

(2): 11 -16.

[69] 李杰刚，李志勇，朱云飞. 地方政府视域下的地方税体系构建框架[J]. 中国财政，2016 (17): 34 -36.

[70] 李景伟. 完善我国纳税服务体系的对策研究 [D]. 长沙: 中南大学，2011.

[71] 李克桥. 以直接税为主体的地方税制体系建设研究——基于“营改增”的背景 [J]. 财政监督，2016 (13): 63 -67.

[72] 李克桥. 国地税合并将成为优化营商环境的有效路径 [EB/OL]. 国家税务总局网，http://www.chinatax.gov.cn/n810219/n810739/c3591363/content.html?from=timeline.

[73] 李克桥. 我国地方税体系建设的制约因素与完善对策 [J]. 河北大学学报（哲学社会科学版），2016 (9): 18.

[74] 李克桥. 税收筹划理论与实务 [M]. 北京: 科学出版社，2016.

[75] 李克桥. 京津冀协同发展背景下雄安新区税收政策面临的问题与对策分析 [J]. 保定学院学报，2018 (1): 1 -7.

[76] 李林木. 国税地税机构合并影响深远 [EB/OL]. 国家税务总局网，http://www.chinatax.gov.cn/n810219/n810744/n3414560/n3580218/n3580255/c3655029/content.html.

[77] 李培芝. 新形势下税收执法与纳税服务的关系 [J]. 财会研究，2008 (13).

[78] 李晓曼. 建立税收风险分析识别体系的思考 [J]. 中国外资，2013 (10).

[79] 李旭红. 互联网 + 背景下的税收管理创新 [J]. 税务研究，2016 (11): 34 -36.

[80] 李志伟. 服务型政府构建进程中的纳税服务研究——以 S 市国家税务局为例 [D]. 苏州: 苏州大学，2009: 1 -32.

[81] 梁俊娇. 资源税、房产税改革及对地方财政影响分析 [J]. 经济研究参考，2012 (5): 26 -35.

［82］廖明月．国外税种划分实践对我国地方税制重构的启示［DB］．中国知网，DOI：10.16619/j.cnki.rmlt.2015.17.080.

［83］林绍君．互联网+背景下的纳税服务模式研究［J］．税收经济研究，2016（3）：55-57.

［84］蔺敏．基层税务机关优化纳税服务研究［D］．南京：南京农业大学，2018：5-39.

［85］刘锋．基层税收执法风险的成因与应对［J］．税务研究，2017（1）：104-106.

［86］刘佳．浅析我国车船税法存在的问题与建议［J］．东方企业文化，2012（2）：152.

［87］刘剑文，熊伟．税法基础理论［M］．北京：北京大学出版社，2004.

［88］刘剑文．贯彻依法征税、促进公平正义、实现税收法治［J］．中国税务，2010（7）：18.

［89］刘京娟，杨美莲．纳税服务绩效指数探讨［J］．税收经济研究，2015（2）：25-28.

［90］刘磊，钟山．试析大数据时代的税收管理［J］．税务研究，2015（1）.

［91］刘丽．推进税收现代化的现实意义［N］．中国税务报，2014-07-23（B01）.

［92］刘群．地方税制的国际比较及其借鉴［J］．山东财政学院学报，1995（4）：37-40.

［93］刘尚希，张学诞．地方税与地方治理［M］．北京：经济科学出版社，2018.

［94］刘威威，黄诗睿．拥抱“互联网+”改造税务传统模式——访中国人民大学财政金融学院教授、博士生导师朱青［J］．中国税务，2015（8）：3.

［95］刘艺．中日地方税收比较研究［D］．天津：天津财经大学，2007：1-43.

［96］刘志安，吴强．“金税三期”工程下的税收风险管理［J］．中国财

政，2018（6）：31－34.

［97］刘佐．完善分税制应加快地方税改革步伐［EB/OL］．腾讯财经，https：//finance. qq. com/a/20130723/010313. htm.

［98］龙岳辉．推进“互联网＋税务”要把握的重点和路径［N］．中国税务报，2015－10－20（A02）.

［99］鲁兰桂等．正确认识税收执法与纳税服务的关系［J］．税务研究，2007（9）.

［100］陆丰泉，陈建．美、德、日、法地方税制比较（上）［DB］．中国知网，DOI：10. 16538/j. cnki. fem. 1995. 02. 014.

［101］吕铖钢．国家治理视域下地方税的目标选择与价值定位［J］．地方财政研究，2020（5）：25－31.

［102］栾春华，刘超，侯哲．“金税三期”工程框架下的税收风险管理［J］．中国税务，2010（6）.

［103］罗伟平．我国税务管理效率优化实证研究（2000～2009）——一个基于数据网络分析的研究［J］．财政研究，2012（2）：61－64.

［104］罗伊·鲍尔（Roy Bahl）．财政分权的基本原则［M］//政府间财政关系课题组．政府间财政关系比较研究．北京：中国财政经济出版社，2004：9－14.

［105］罗伊·鲍尔著，许善达等译．中国的财政政策：税制与中央及地方的财政关系［M］．北京：中国税务出版社，2000.

［106］马国强．论税收管理的目标、框架与模式［J］．税务研究，1999（12）：3－5.

［107］迈克尔·哈默．超越再造［M］．上海：上海译文出版社，2007.

［108］迈克尔·哈默著，王珊珊，胡毓源，徐荻洲译．企业再造：企业革命的宣言书［M］．上海：上海译文出版社，2007：1－5.

［109］毛程连，庄序莹．西方财政思想史［M］．上海：复旦大学出版社，2010.

［110］倪红日，陈东．我国与美国地方税制的比较分析［J］．税务研究，

2001 (3): 18 - 25.

[111] 潘贤掌. 构建我国新型纳税服务体系的思考 [J]. 财政研究, 2005 (3): 39 - 41.

[112] 钱冰岚. 构建现代纳税服务体系研究——以遵义市国税局为例 [D]. 贵阳: 贵州大学, 2009.

[113] 饶立新. 贯彻落实习近平总书记重要论述, 全面提升纳税服务信息化水平 [J]. 税务研究, 2020 (3): 37 - 41.

[114] 饶立新. 纳税服务的内涵与外延——兼谈服务与管理的区别 [J]. 税务研究, 2016 (2): 58 - 64.

[115] 任小军. 纳税人个体特征对税收道德的影响——基于工薪阶层的调查数据 [J]. 财会月刊, 2016 (26): 67 - 70.

[116] 邵峰等. 发达国家纳税服务的主要经验 [J]. 税务研究, 2010 (4).

[117] 沈寅裴. "互联网 +" 思维实现税收治理现代化 [J]. 金融经济, 2016 (2): 8 - 10.

[118] 施佳艳. 再探车船税改革——以公平社会财富为视角 [J]. 上海: 华东政法大学, 2015 (8).

[119] 史永进. 管理服务型税局理念下发挥税务中介服务机构作用的思考 [J]. 中国集体经济, 2011 (34): 44 - 46.

[120] 税务机关纳税服务规范 3.0 版发布 招招直指痛堵难问题 [EB/OL]. 中国经济网, http://finance.china.com.cn/news/20190829/5066979.shtml, 2019 - 08 - 29.

[121] 司言武. 税务机构改革是一项利国利民利企利税的改革——财税专家话改革 [EB/OL]. 国家税务总局浙江税务局网, http://zhejiang.chinatax.gov.cn/art/2018/7/16/art_13230_417512.html.

[122] 宋凤轩, 李少龙. 推进我国直接税制度建设的障碍与破解对策研究 [J]. 财政研究, 2015 (7): 75 - 80.

[123] 宋振国. "互联网 +" 助推税收征管改革 迈向税收治理现代化

化［J］. 辽宁经济，2016（2）：74－78.

［124］孙静，吉富星. 纳税服务降低税收风险的作用机制及途径［J］. 财政科学，2016（5）：22－24.

［125］孙一冰，姚东. 纳税服务工作的回顾和展望——访国家税务总局纳税服务司司长张树学［J］. 中国税务，2013（11）：20－24.

［126］孙迎春. 西方行政审批制度改革及其启示［J］. 中国发展观察，2015，4.

［127］覃玲. 美法日地方税制的分析与启示［J］. 财经界（学术版），2014（10）：277，279.

［128］谭荣华. 电子税务局建设的若干问题研究［J］. 税务研究，2002（12）：15－19.

［129］谭荣华. 税收信息化教程［M］. 北京：中国人民大学出版社，2005.

［130］汤农，张霏佳. 税收征管信息化三大问题［J］. 浙江经济，2010（22）：24－27.

［131］滕淑娜. 同源异途——近代早期英法税制比较及启示［J］. 贵州社会科学，2017（6）：60－65.

［132］田凯. 我国税收征管工作中存在的问题及对策研究［D］. 青岛：青岛大学，2018：5－40.

［133］田利华，陈晓东. 从纳税人满意度看税收征管改革［J］. 财会月刊，2006（5）：52－54.

［134］田文喜. 我国纳税服务存在的问题及优化对策研究［J］. 产业与科技论坛，2009，8（7）：38－40.

［135］童光辉. 税收信息化的成效、问题与建议［J］. 中国财政，2013（12）：32－33.

［136］瓦格纳. 财政学（第一册/德语－2）［EB/OL］. 网址：https://ishare.iask.sina.com.cn/f/67272586.html.

［137］汪彤. 共享税模式下的地方税体系：制度困境与路径重构［J］.

税务研究，2019（1）：38－44.

［138］汪星明．“互联网＋税务”——理念、实践与愿景［J］．经济研究参考，2016（11）：42－46.

［139］王诚尧．我国税收执法权划分探讨［J］．税务研究，2010（4）：11－18.

［140］王芬．大数据时代的企业纳税筹划研究［J］．财会学习，2018（30）：144－145.

［141］王凤鸣，陈海英．论权力集中与权力制约［J］．理论探讨，2014（5）：136－139.

［142］王海生，赵艳．借鉴国际经验 开展依法治税［J］．辽宁经济，2002（2）：60.

［143］王宏伟．“互联网＋”视角下的税收治理现代化［J］．税务研究，2017（3）：22－25.

［144］王军昆．加快构建具有中国特色的直接税制度［J］．税务研究 2017（1）：56－58.

［145］王琳．内部控制视角下的税收执法风险研究［J］．中国商论，2018（12）：30－31.

［146］王梦婷，徐婧仪，管永昊．大数据背景下的纳税服务优化［J］．财会月刊，2018（14）：43－50.

［147］王敏．地方税体系税种配置：理论发展、各国实践及启示［J］．经济研究参考，2016（50）：98－103.

［148］王乔，席卫群．现代国家治理体系下的地方税体系构建研究［M］．北京：经济科学出版社，2015：6－58.

［149］王瑞雪，李健，于泽．依托信息技术 提升纳税服务水平［J］．天津经济，2013（3）：67－70.

［150］王寿林．强化权力制约的理论探讨［J］．中国特色社会主义研究，2014（5）：32－36.

［151］王曙光，章力丹．新时代地方税体系的科学内涵与构建［J］．税

务研究，2019（1）：7－12.

[152] 王祥生. 依法征税与按指标征税的思考 [J]. 现代企业，2013（10）：56－57.

[153] 王雪绒. 建立现代化税收征收管理体系的制约因素 [J]. 税务研究，2015（2）：80－84.

[154] 王亚琪. 中国税收遵从问题研究 [J]. 行政事业资产与财务，2018（1）：23－25.

[155] 王雍君，张志华. 政府间财政关系经济学 [M]. 北京：中国经济出版社，1998.

[156] 威廉·佩第（陈冬野、马清槐、锦茹译）. 佩第经济著作选集 [M]. 北京：商务印书馆，1997：283－292.

[157] 韦富建. 加强广西地税系统税收风险管理研究 [J]. 经济研究参考，2017（47）：37－41.

[158] 韦巍，刘金林，周琼. 信息化条件下我国税收征管模式探讨 [J]. 财政监督，2015（13）：28－29.

[159] 吴汉全. 政府职能转变与权力制约机制建设 [J]. 南京审计学院学报，2014（2）：3－11.

[160] 吴锡昌. "加减乘除"促进纳税服务提质增效 [N]. 南方日报，2019－8－19（A14）.

[161] 习近平. 习近平谈治国理政（第一卷） [M]. 北京：外文出版社，2014：91.

[162] 肖厚雄. 宽松中的高效——考察美国税收征管工作的启示 [J]. 涉外税务，2008（4）：23－26.

[163] 谢波峰. 大数据时代税收微观数据体系的构建 [J]. 税务研究，2015（1）：92－95.

[164] 谢波峰. 面向大数据的税务管理应用模式及政策建议 [J]. 国际税收，2017（4）：24－27.

[165] 谢永健. 大数据：实现税收现代化的利器 [N]. 中国税务报，

2014－04－08（B2）.

［166］徐曼曼. 大企业税收风险管理问［D］. 南京：南京大学，2016.

［167］徐鸣希. 广州市W区纳税服务问题研究［D］. 广州：华南理工大学，2019：28.

［168］徐萍. 征管新格局下的纳税服务体系构建［J］. 四川财政，2003（11）：15－16.

［169］徐全红，王艳芝. 基于地方税体系完善的中国资源税制改革［J］. 地方财政研究，2017（6）：8－14.

［170］许月刚. 全面推进税务教育培训工作的思考［J］. 税务研究，2007（8）：52－55.

［171］薛刚. 基于纳税人需求层次的纳税服务创新［J］. 税务研究，2010（12）：26－29.

［172］薛刚. 浅议纳税服务理念在税收征管中的体现［J］. 税务研究，2009（4）：11－14.

［173］亚当·斯密（唐日松等译）. 国富论［M］. 北京：华夏出版社，2005.

［174］烟成群，李文英，宋建军. 省税务局多点发力创一流营商环境［N］. 河北经济日报，2020－06－29.

［175］晏齐孟. 试论赋予地方部分税收立法权的相关问题［D］. 上海：华东政法大学，2018.

［176］杨欢. “互联网＋”视角下纳税服务的优化研究［D］. 南昌：江西财经大学，2019：4－38.

［177］杨金然. “互联网＋税务”时代税收信息化建设［N］. 中国经济时报，2016－8－10（A03）.

［178］杨丽静. 我国大企业税收风险管理研究［D］. 济南：山东财经大学，2015.

［179］杨卫华，杨静. 我国目前政府预算编制存在的问题与对策［J］. 财政研究，2001（9）：19－22.

[180] 杨歆恬. 纳税服务满意度测评体系的构建 [D]. 厦门: 厦门大学, 2018: 1－28.

[181] 杨瑶红. 基于纳税人需求导向的满意度提升对策 [J]. 财经界 (学术版), 2016 (1): 251－252.

[182] 杨瑶红. 信息化视角下的江西地税纳税服务研究 [J]. 当代经济, 2016 (30): 94－95.

[183] 杨蕴文. 地方税体系的国际比较及经验借鉴研究 [J]. 经济研究参考, 2018 (8): 9－14.

[184] 余静. 大数据背景下推进税收治理的探索 [J]. 税务研究, 2015 (10): 21－24.

[185] 臧炜尧. 普通印花税制度改革研究 [D]. 北京: 中国财政科学研究院, 2019.

[186] 张爱球. OECD 的税收风险管理理论与实践 [J]. 中国税务, 2009 (11): 18－20.

[187] 张斌. 经济转型背景下提高直接税比重的必然性与策略 [J]. 河北大学学报 (哲学社会科学版), 2019 (1): 13－17.

[188] 张斌. 事权与支出责任视角下的地方税体系建设 [J]. 税务研究, 2016 (9): 34－39.

[189] 张定安. 关于深化"放管服"改革工作的几点思考 [J]. 行政管理改革, 2016, 07.

[190] 张国钧. 关于"互联网＋税务"的几点认识 [J]. 税务研究, 2017 (3): 19－21.

[191] 张静."互联网＋"背景下我国税收信息化建设的思考 [D]. 杭州: 浙江财经大学, 2017.

[192] 张静芳. 市国税部门税收风险管理研究——以晋城市为例 [D]. 太原: 山西大学硕士学位论文, 2017.

[193] 张霄, 姚凤民. 智能化实体办税服务厅的构建——基于人工智能视角的讨论 [J]. 税务研究, 2018 (2): 35－37.

[194] 张新，安体富. 对我国税收信息化现状的反思与国际借鉴 [J]. 税收经济研究，2012 (5)：2 -9.

[195] 张言民. 税收执法风险的困境及其对策 [J]. 淮海工学院学报，2012，10 (2)：49 -51.

[196] 张瀛霞. 论税收征管互动中征管行为衔接存在的问题及对策 [J]. 经济生活文摘（下半月），2012 (10)：166 -169.

[197] 张泽韬. 曲靖市国税局税收风险管理存在问题研究 [D]. 昆明：云南财经大学硕士学位论文，2017.

[198] 赵福增. 落实"四力"要求 提升"六个能力"[EB/OL]. 中国税网，http：//www. ctaxnews. com. cn/2020 -04/17/content_964081. html.

[199] 赵迎春. 现代管理理论在纳税服务中的运用 [J]. 税务与经济，2006 (2)：42 -44.

[200] 中国社会科学院财政与贸易经济研究所. 中国：启动新一轮税制改革（中国财政政策报告 2003 -2004） [M]. 北京：中国财政经济出版社，2003.

[201] 周子厌. "放管服" 改革背景下的纳税服务研究 [D]. 昆明：云南财经大学，2020.

[202] 朱广俊. 税制和征管现代化是税收现代化的关键 [N]. 中国税务报，2015 -04 -01 (B01).

[203] 朱诗柱. 税务教育培训改革创新工作的要点 [J]. 税务研究，2016 (12)：100 -103.

[204] 朱志刚. 与时俱进地调整和完善积极的财政政策 [J]. 经济研究参考，2004 (18)：19 -23.

[205] 朱志钢，高梦莹. 论直接税与间接税的合理搭配 [J]. 税务研究，2013 (6)：46 -49.

[206] 庄月 . "互联网 +" 背景下的税收管理信息化建设研究——以 J 省国税局为例 [D]. 西北林业科技大学，2018：2 -12.

[207] Alink M. , Van Kommer V. The Dutch Approach：Description of the

Dutch Tax and Customs Administration [M]. Amsterdam: IBFD, 2012.

[208] Ananth Seetharaman, Yan Sun, Weimin Wang. Tax-Related Financial Statement Restatements and Auditor-Provided Tax Services [J]. Journal of Accounting, Auditing & Finance, 2011, 26 (4): 677 -698.

[209] Andrew, Bauer, Kenneth, J. Klassen. Tax Risk as the Likelihood of an Unfavorable Settlement with Tax Authorities [R]. 2014 American Taxation Association Midyear Meeting, 2014: 194 -197.

[210] Bojuwon Mustapha, Siti Normala Bt. Sheikh Obid. Tax Service Quality: The Mediating Effect of Percerived Ease of Use of the Online Tax System [J]. Procedia-Social and Behavioral Sciences, 2015 (172): 2 -9.

[211] Bradley T. Heim, Yulianti Abbas. Does Federal Deductibility Affect State and Local Revenue Sources? [J]. National Tax Journal, Vol. 68, 2015: 33 -58.

[212] Brennan G., Buchannan J. The Power to Tax: Analytical Foundations of a Fiscal Consitution [M]. Cambridge: Cambridge University. Press, 1980: 257 -264.

[213] Christian, Slemrod. Do Normative Appeals Affect Tax Compliance Evidence from controlled Experiment in Minnesota [J]. National Tax Journal, 2011: 386 -388.

[214] David A. Guenther, Steven R. Matsunaga, Brian M. Williams. Tax Avoidance, Tax Aggressiveness, Tax Risk and Firm Risk [D]. Lunduist College of Business, University of Oregon, Eugene, OR94703, USA, 2013: 89 -96.

[215] George Akerlof. The Market for Lemons: Quality Uncertainty and Market Mechanism [J]. Quarterly Journal of Economics, 1970: 488 -500.

[216] George Joseph Stigler. The Tenable Range of Functions of Local Government. In Federal Expenditure Police for Economic Growth and Stability [M]. Washington D. C. Joint Economic Committee. Subcommittee on Fiscal Policy, 1957: 213 -219.

[217] Gleen. P. Jenkins. Information technology and innovation in tax administration [M]. The Hague; Boston: Kluwer Law International, 1996.

[218] Hairy. Analysis of Performance Evaluation Index of Tax Service [J]. Labourconomies, 2007: 12 - 18.

[219] Joseph G. Eisenhauer. Ethical Preferences, Risk Aversion, and Taxpayer Behavior [J]. Journal of Socio-Economics, 2007 (6): 45 - 63.

[220] Keith Brockman. Tax Risks & Your Tax Organization: Best Practice Alignment [J]. Strategizing International Tax Best Practices, 2013 (5): 122 - 125.

[221] Kirchler. The Economic Psychology of Tax Behavior [M]. Cambridge: Cambridge University Press, 2007: 221 - 225.

[222] Lally, Zijl. Capital Gains Tax and the Capital Asset Price Mode [J]. Accounting and Finance, 2003, 43 (2): 187 - 210.

[223] Michael B. Breaking through Bureaucracy: A New Vision for Management in Government [M]. Berkeley: University of California Press, 1992.

[224] Michael H. , James A. C. Reengineering the Corporation: A Manifesto for Business Revolution [M]. America: Harper Business, 1930: 56 - 62.

[225] Oates W. E. Fiscal Federalism [M]. New York: Harcourt Barce Jovanovich, 1972: 35.

[226] OECD. Taxpayer Services Sub-group-Security and Authentication Issues in the Delivery of Electronic Services to taxpayers [R]. Forum on Tax Administration, 2012.

[227] Sabina Zrobek, Siarhei Manzhynski, Elzbieta Zysk, Yauheni Rassokha. Some Aspects of Local Real Estate Taxes as an Instrument of Land Use Management [J]. Real Estate Management and Valuation, Vol. 24, 2016: 93 - 105.

[228] Tiebout C. A Pure Thoery of Local Expenditure [J]. American Economic Review, 1956: 64.

[229] William F. Sharpe. The Capital Asset Pricing Model: A ' Multi-Beta' Interpretation [J]. Financial Decision Making Under Uncertainty, 1977: 127 - 136.

后　记

在本书撰写过程中，汲取了大量专家学者的研究成果，借鉴了许多同行的观点和策略，在此表示深深的感谢。由于涉及范围较广，尽管本着“应列俱列”的原则，尽可能把所有参考的文献均列于书后，但仍担心挂一漏万，对于没能列举又吸收了观点的论著作者，也表示感谢，同时表示歉意。

在此，特别感谢河北大学政府管理与公共政策研究中心、河北大学教务处课程建设中心给予出版经费资助，感谢河北大学预算管理研究所全体成员、经济科学出版社张燕编辑及其同事给予的大力帮助。

尽管本书撰写过程历时一年，付出诸多努力，但由于作者能力所限，可能仍会出现一些见解滞后的问题，也不可避免某些观点出现偏颇之嫌，希望广大同仁大力斧正，不吝赐教，作者将不胜感激。

李克桥

2021 年 7 月